EXECUTIVE SUMMARY

Im 21 Jahrhundert hat die Thematik, um die Implementierung von Corporate Social Responsibility immer mehr an Bedeutung gewonnen. Gerade für die Wirtschaftsbereiche, die sich nicht per se mit Nachhaltigkeit und gesellschaftlicher Verantwortung beschäftigt haben bilden diverse Leitfäden im europäischen Raum eine Möglichkeit sich mit der Thematik, für jeden Unternehmenstyp, auseinanderzusetzen. Was ist jedoch mit denen, die so eng mit der Gesellschaft verwurzelt sind, dass die Implementierung von Maßnahmen aus dem Bereich vorausgesetzt wird? Gemeint sind in diesem Fall die Vereine der ersten und zweiten Deutschen Fußball-Bundesliga. Die folgende Bakkalaureatsarbeit beschäftigt sich mit der Frage, in welchem Grad die Implementierung von Corporate Social Responsibility im Sportmanagement der Vereine der ersten und zweiten Deutschen Fußball-Bundeliga bereits erfolgt ist und ob es einen Zusammenhang mit dem Erfolg der Mannschaften in der Saison 2014/2015 gibt. Dazu wurden alle 36 Vereine einer Webseiten-Analyse unterzogen, welche anhand der Suchfunktion auf den Seiten nach ‚Corporate Social Responsibility, CSR und gesellschaftliche Verantwortung' analysiert wurden.

Das Resultat lautet, dass die Implementierung in der ersten Fußball-Bundesliga zu einem großen Teil bereits vollzogen wurde, auch wenn es Unterschiede im Grad der Implementierung gibt. Die Analyse der einzelnen Berichte aus dem Zeitraum vom 22.08.2014 bis 02.06.2015 hat gezeigt, dass überwiegend der soziale Bereich vertreten ist. Dies kann vor allem daran liegen, dass viele Vereine eigene Stiftungen haben, welche sich überwiegend mit sozialen Projekten auseinandersetzen. Es lässt sich auch nicht ablesen, ob der Erfolg einen Anteil an der Implementierung hat, da die Vorreiterrollen vom 10. Platzierten, dem SV Werder Bremen, eingenommen wird. In der zweiten Deutschen Fußball-Bundesliga ist die Situation eine andere. Dort ist die Implementierung von CSR kaum vorangeschritten. Jedoch lässt sich festhalten, dass die Vereine in der unteren Tabellenhälfte in dem Bereich stärker positioniert waren und Themen vor allem aus dem sozialen Bereich kommuniziert wurden.

Letztendlich kann nach der Analyse festgehalten werden, dass die Umsetzung der Implementierung lediglich eine Ergänzung des bisherigen sozialen Engagements darstellt aber noch nicht alle Facetten des Konzeptes von den Vereinen abgedeckt werden und es keinen Zusammenhang darüber gibt, wie erfolgreich ein Verein ist und die Implementierung von Corporate Social Responsibility.

INHALTSVERZEICHNIS

EXECUTIVE SUMMARY	1
INHALTSVERZEICHNIS	3
ABBILDUNGSVERZEICHNIS	6
TABELLENVERZEICHNIS	6
1. EINLEITUNG	**8**
1.1. MOTIVATION DES AUTORS	12
1.2. DER FORSCHUNGSSTAND	12
1.3. DIE PROBLEMSTELLUNG	14
1.3.1. FORSCHUNGSFRAGE	14
1.3.2. HYPOTHESE	15
2. CORPORATE SOCIAL RESPONSIBILITY	**16**
2.1. BEGRIFFSVERSTÄNDNIS	16
2.1.1. EUROPÄISCHE KOMMISSION	18
2.2. DIE VERANTWORTUNGSPYRAMIDE NACH ARCHIE B. CARROLL	19
2.3. DIE DREI SÄULEN VON CORPORATE SOCIAL RESPONSIBILITY	20
2.3.1. ÖKONOMISCHE VERANTWORTUNG	21
2.3.2. ÖKOLOGISCHE VERANTWORTUNG	22
2.3.3. SOZIALE VERANTWORTUNG	22
2.3.4. DIE WISSENSCHAFTLICHEN FAKTOREN DES MAGISCHEN DREIECKS	23
2.4. WEGE DER INSTITUTIONALISIERUNG VON CSR	23
2.5. INSTRUMENTE ZUR MESSUNG UND IMPLEMENTIERUNG VON CSR-MAßNAHMEN	25
2.5.1. UNITED NATIONS – GLOBAL COMPACT	25
2.5.2. ISO 26000	26
2.5.3. CSR-VERHALTENSKODIZES – CODE OF CONDUCT	27
2.5.4. OECD-GRUNDSÄTZE	28
2.5.5. OECD-LEITSÄTZE FÜR MULTINATIONALE UNTERNEHMEN	28
2.6. WARUM CSR BETREIBEN?	**29**

2.7. WEITERFÜHRENDE CSR-KONZEPTE	**31**
2.7.1. CORPORATE CITIZENSHIP	31
2.7.2. CORPORATE GOVERNANCE	32
2.7.3. DIVERSITY MANAGEMENT	33
2.7.4. STAKEHOLDER-ANSATZ	33
3. CSR IM SPORT	**35**
3.1. KOMMISSION DER EUROPÄISCHEN GEMEINSCHAFTEN – ‚WEISSBUCH DES SPORTS'	**35**
3.1.1. DIE GESELLSCHAFTLICHE ROLLE DES SPORTS	36
3.1.2. DIE WIRTSCHAFTLICHE ROLLE DES SPORT	38
3.1.3. DIE ORGANISATION DES SPORTS	38
4. DER DEUTSCHE FUßBALL-BUND	**40**
4.1. DER HISTORISCHE KONTEXT	**40**
4.2. DIE ORGANISATIONSSTRUKTUR	**41**
4.3. CSR-VERSTÄNDNIS	**42**
4.3.1. DIE KOMMISSIONEN FÜR ‚GESELLSCHAFTLICHE VERANTWORTUNG' UND ‚SPORTSTÄTTEN UND UMWELT'	44
4.3.2. EIN AUSBLICK	44
5. DIE DEUTSCHEN FUßBALL-BUNDESLIGEN	**45**
5.1. ERSTE DEUTSCHE FUßBALL-BUNDESLIGA	**45**
5.2. ZWEITE DEUTSCHE FUßBALL-BUNDESLIGA	**46**
5.3. DIE GEMEINSCHAFT DER 36 LIZENZVEREINE	**48**
6. ANALYSE DER VEREINSWEBSEITEN DER ERSTEN UND ZWEITEN DEUTSCHEN FUßBALL-BUNDESLIGA	**49**
	49
6.1. DIE METHODE	**49**
6.1.1. DIE ABHÄNGIGE UND UNABHÄGIGEN VARIABLEN	50
6.1.2. DIE ANALYSEEINHEITEN/KATEGORIEN	50

6.2. DAS CODEBUCH		**51**
	6.2.1. FORMALE KRITERIEN	51
	6.2.2. INHALTLICHE KRITERIEN	51
	6.2.3. DIE KATEGORIEN	52
6.3. AUSWERTUNG		**53**
	6.3.1. ANALYSE DER ERSTEN DEUTSCHEN FUßBALL-BUNDESLIGA	53
	6.3.2. ANALYSE DER ZWEITEN DEUTSCHEN FUßBALL-BUNDESLIGA	58
	6.3.3. VERGLEICH DER BEIDEN LIGEN	61
7. FAZIT		**62**
Bibliografie		**65**
	PRIMÄRLITERATUR	65
	SEKUNDÄRLITERATUR	72
Anhang		**73**
	I. CODEBUCH: ANALYSE DER ERSTEN DEUTSCHEN FUßBALL-BUNDESLIGA	73
	II. NENNUNG VON CSR, ANZAHL DER THEMEN UND TABELLENSITUATION	75
	III. NACHWEISE DER VEREINE DER ERSTEN FUßBALL-BUNDESLIGA	76
	IV. CODEBUCH: ANALYSE DER ZWEITEN DEUTSCHEN FUßBALL-BUNDESLIGA	93
	VI. NACHWEISE DER VEREINE DER ZWEITEN FUßBALL-BUNDESLIGA	96

ABBILDUNGSVERZEICHNIS

Abbildung 1: Die Pyramide von Corporate Social Responsibility
(Archie B. Carroll) 20
Abbildung 2: Die Bestandteile des magischen Dreiecks (Eigene Darstellung) 21
Abbildung 3: Weiterführende Konzepte von CSR (Eigene Darstellung) 32
Abbildung 4: Zentrale Gremien des Deutschen Fußball-Bundes (DFB) 41
Abbildung 5: Zentrale Akteure des Deutschen Fußball-Bundes (DFB) 41
Abbildung 6: Anteile der Umsätze in der ersten Fußball-Bundesliga
(Eigene Darstellung) 46
Abbildung 7: Anteile der Umsätze in der zweiten Fußball-Bundesliga
(Eigene Darstellung) 47

TABELLENVERZEICHNIS

Tabelle 1: Wege der Institutionalisierung von CSR (Schultz & Wehmeier) 25
Tabelle 2: Pro- und Contra: Implementierung von CSR-Maßnahmen
(Eigene Darstellung) 31
Tabelle 3: Formale Kriterien der Inhaltsanalyse (Eigene Darstellung) 50
Tabelle 4: Inhaltliche Kriterien der Inhaltsanalyse (Eigene Darstellung) 50
Tabelle 5: Kategorien der Inhaltsanalyse (Eigene Darstellung) 51
Tabelle 6: Häufigkeit der unterschiedlichen Schreibweisen von CSR
(Eigene Darstellung) 52
Tabelle 7: Häufigkeit Thema Ökologie (Eigene Darstellung) 54
Tabelle 8: Häufigkeiten Thema Soziales (Eigene Darstellung) 54
Tabelle 9: Kontaktmöglichkeiten auf den Webseiten (Eigene Darstellung) 55
Tabelle 10: Häufigkeit der unterschiedlichen Schreibweisen von CSR
(Eigene Darstellung) 56
Tabelle 11: Häufigkeiten Thema Soziales (Eigene Darstellung) 58
Tabelle 12: Codebuch: Analyse der ersten Fußball-Bundesliga
(Eigene Darstellung) 69-70
Tabelle 13: Nennung von CSR, Anzahl der Themen und Tabellensituation
(Eigene Darstellung) 71

Tabelle 14: Nachweis der Themengebiete Borussia Dortmund
(Eigene Darstellung) 76
Tabelle 15: Nachweis der Themengebiete FC Schalke 04 (Eigene Darstellung) 82
Tabelle 16: Nachweis der Themengebiete Hertha BSC Berlin
(Eigene Darstellung) 86
Tabelle 17: Nachweis der Themengebiete SC Paderborn 07
(Eigene Darstellung) 88
Tabelle 18: Nachweis der Themengebiete SV Werder Bremen
(Eigene Darstellung) 92
Tabelle 19: Nachweis der Themengebiete VfB Stuttgart (Eigene Darstellung) 94
Tabelle 20: Nachweis der Themengebiete VfL Wolfsburg
(Eigene Darstellung) 97-98
Tabelle 21: Codebuch: Analyse der zweiten Deutschen Fußball-Bundesliga
(Eigene Darstellung) 104-106
Tabelle 22: Nennung von CSR, Anzahl der Themen und Tabellensituation
(Eigene Darstellung) 107
Tabelle 23: Nachweis der Themengebiete FC St. Pauli (Eigene Darstellung) 113
Tabelle 24: Nachweis der Themengebiete FSV Frankfurt 1899
(Eigene Darstellung) 116
Tabelle 25: Nachweis der Themengebiete RB Leipzig (Schultz & Wehmeier) 118
Tabelle 26: Nachweis der Themengebiete SpVgg Greuther Fürth 121
Tabelle 27: Nachweis der Themengebiete VfL Bochum (Eigene Darstellung) 124

1. EINLEITUNG

Wöchentlich pilgern tausende Menschen, zwischen August und Juni, in die Stadien der Republik, um ihr Team zu unterstützen und diesem Rückhalt zu geben, in guten wie in schlechten Tagen. Ohne die Fans wäre der Fußball nicht das, was er ist. Sie schaffen es, durch ihre bloße Stimmkraft die Mannschaft nach vorne zu peitschen und verhelfen so das ein oder andere Mal zum Sieg, sorgen dafür, dass ihr Team in einer schweren Zeit den Antrieb, die Motivation, die Kraft zum Kämpfen wiederfindet oder es in positiven Zeiten die Leistung bestärken kann. Es geht bei dem Fan-Dasein um wesentlich mehr als nur das Auf und Ab von Emotionen, das Gemeinschaftsgefühl, welches daraus resultiert, wenn man mit tausenden Gleichgesinnten im Stadion steht oder einer banalen Freizeitbeschäftigung. Fans geben alles für ihren Verein, sie kaufen nicht nur die Tickets, sondern sind auch Mitglieder und somit gehören auch sie mit zum Unternehmen. Sie sind zwar ein immanenter Teil, jedoch tragen nicht nur sie dazu bei, dass die Unternehmung Deutsche Fußball-Bundesliga funktioniert, denn ein Verein besteht aus viel mehr Teilen als der Mannschaft und den Fans.

Die Vereine der ersten und zweiten Deutschen Fußball-Bundesliga sind ein fester Bestandteil der Ökonomie und Gesellschaft in ihren Städten und Regionen. Sie agieren national, und in einigen Fällen, auch international. Sie sind auf das Geld angewiesen, welches nicht nur durch Einnahmen, wie bspw. Tickets, Mitgliederbeiträge und Verkäufe von Fanartikeln generiert wird[1], sondern sie sind vor allem auf ihre Stakeholder angewiesen. Ein weiterer wichtiger Wirtschaftsfaktor sind die Verkäufe von Spielern, welche in der Regel mit die größten Einnahmen bringen. Durch bekannte Spieler steigern sich meistens auch die Einnahmen in anderen Bereichen, wie bspw. Merchandising. Durch Käufe und Verkäufe von Spielern können vor allem in der ersten Liga Beträge in Millionenhöhe generiert werden. Umso erstaunlicher ist es doch, dass diese Unternehmen, welche jährlich Millionen an Umsatz generieren[2], kaum bis gar nicht in die Diskussion um die gesellschaftliche Verantwortung (Corporate Social Responsibility) eingebunden werden. Dies zeigt auch die Literatur. In kaum einem Werk wird dieses Business integriert oder nur beispielhaft erwähnt. Hier finden sich eher andere Unternehmen,

---

[1] Vgl. Ahlert (2013). S. 1.
[2] Vgl. Statistisches Bundesamt (2016). Verfügbar unter: https://www.destatis.de/DE/ZahlenFakten/GesamtwirtschaftUmwelt/VGR/Methoden/Sportsatellitenkonto.html [03.02.2016, 19:08 Uhr].

welche mit Corporate Social Responsibility direkter verbunden sind, wie bspw. die Automobilindustrie.[3] Dies mag auf den ersten Blick logisch erscheinen, sind sie doch offensichtlich mehr in der Pflicht nachhaltig bzw. gesellschaftlich verantwortlich zu arbeiten. Vielleicht besteht auch die Schwierigkeit darin, dass mit dem Fußball bereits soziales Engagement und somit auch gesellschaftliche Verantwortung assoziiert wird. Schließlich gibt es in jedem Profiverein Nachwuchsförderung, welche unter anderem die Aufgabe der Integration innehat. Zudem unterstützen viele Mitglieder ihre Vereine freiwillig bspw. in der Jugendarbeit, Eltern fungieren als Trainer oder Betreuer, oder in Fan-Clubs.[4]

An diesem Punkt stellt sich die Frage, ob CSR in seinen Einzelteilen überhaupt notwendig ist, vor allem da es gerade in dem Bereich des Profifußballs durch das soziale Engagement bereits durch die Vereine intensiv praktiziert wird? Aber ist das wirklich der Fall? Denn Corporate Social Responsibility ist mehr als nur soziales Engagement, es ist ein Gedanke, der sich vollkommen in das Unternehmen implementieren soll, vom Grundstein bis zum Giebel in all seinen Facetten und Bereichen und dazu gehören eben auch die zwei anderen Säulen, die der Ökonomie und Ökologie. Ist das der Grund, warum CSR so schwer zu definieren und in einem Verein zu implementieren ist?

Diese Bakkalaureatsarbeit kann nicht allen offenen Fragen bezüglich der Thematik gerecht werden, sie erhebt auch nicht den Anspruch dies zu können. Dennoch stellt sich die Frage, ob diese zwei Bereiche, welche in der Gesellschaft jeweils einen wichtigen Stellenwert innehaben und hatten, seit fünf Jahrzehnten nebeneinander existieren, obwohl sie in vielen Bereichen interdependent sind.

Bevor sich die Arbeit mit der Hauptthematik – Implementierung von Corporate Social Responsibility in den Vereinen der ersten und zweiten Deutschen Fußball-Bundesliga – auseinandersetzt, geht diesem der Abschnitt der Begriffsverortung voraus.

---

[3] Vgl. Schmidpeter (2012). S. 10.
[4] Vgl. Deutscher Fußball-Bund (o.A.,a). S. 2. Verfügbar unter: http://www.dfb.de/fileadmin/_dfbdam/52230-Broschuere_-_Auf_dem_Weg_zur_Nachhaltigkeit.pdf [03.02.2016, 12:12 Uhr].

Corporate Social Responsibility[5] ist, wie bereits erwähnt, keine neue Erkenntnis des 21. Jahrhunderts. Er unterliegt dem gesellschaftlichen- sowie wirtschaftlichen Wandel.[6] In den 1950er Jahren waren die gesellschaftlichen, politischen und wirtschaftlichen Gegebenheiten andere als sie es 2016 sind. Unternehmen haben heute viel mehr Möglichkeiten als zur damaligen Zeit, die Welt ist globaler und digitaler als vor 63 Jahren. Hinzu kommt, dass es sich bei CSR-Maßnahmen um keine Gesetze handelt, sondern um Normen, wie das Begriffsverständnis im Allgemeinen und von der Europäischen Kommission zeigen wird. Nachstehend wird das CSR-Konzept anhand zweier Verständnisse erläutert. Zum einen wird die Thematik anhand der Verantwortungspyramide nach Archie B. Carroll aufgezeigt. Zum anderen wird das Konzept, wie es heute und hier verstanden wird, anhand des ‚magischen Dreiecks' in seinen Einzelteilen (Ökonomie, Ökologie, Soziale) analysiert. Wie werden die einzelnen Teilbereiche definiert und wie stehen sie zueinander? Überdies liegt die Schwierigkeit eine allgemeingültige Definition zu finden mitunter darin, dass ein kleines regionales Unternehmen nicht dieselben Maßnahmen implementieren kann, wie ein großes, welches millionenschwer, ist.[7] Aus welchen Gründen und auf welchen Wegen ein Unternehmen, egal welcher Größe, Corporate Social Responsibility institutionalisieren sollte und kann, wird anschließend thematisiert. Auf dieser Grundlage werden in einem weiteren Abschnitt dieses Kapitels ausgewählte Maßnahmen von europäischen Institutionen vorgestellt, welche nicht nur ein Bild des Begriffs skizzieren, sondern auch Instrumente aufzeigen, um CSR im Unternehmen zu implementieren bzw. messbar und somit vergleichbar zu machen. Hinzu kommen die (Neben-) Theorien von CSR, welche in einem weiteren Abschnitt dargelegt werden und sich mit den verschiedenen Anspruchsgruppen auseinander setzen. Darüber hinaus befasst sich dieses Kapitel mit der Darlegung von Pro- und Contra Argumenten für das Einsetzen von CSR-Instrumenten.

---

[5] Der CSR-Begriff wird in dieser Arbeit, aufgrund des Umfangs, keiner expliziten historischen Verortung bzw. historisch-vergleichenden, Analyse unterzogen.
[6] Vgl. Müller-Stewens (2010). S. 99.
[7] Vgl. Europäische Kommission (2011). S. 8 und S. 15. Verfügbar unter: http://ec.europa.eu/geninfo/query/index.do?queryText=CSR+Definition&query_source=ENTERPRISE&summary=summary&more_options_source=restricted&more_options_date=*&more_options_date_from=&more_options_date_to=&more_options_language=de&more_options_f_formats=*&swlang=de [03.02.2016, 12:25].

Was CSR spezifisch für den Sport bedeutet, wird in Kapitel 3 anhand des ‚Weissbuch des Sports' von der Kommission der Europäischen Gemeinschaft dargelegt.

Die Kapitel vier und fünf dieser Arbeit setzen sich zum einen mit der federführenden Institutionen der Deutschen Fußball-Bundesliga auseinander, dem Deutschen Fußballbund. Des Weiteren wird die wirtschaftliche Bedeutsamkeit der ersten und zweiten Deutschen Fußball-Bundesliga dargelegt, um die Bedeutung dieser für die Wirtschaft aufzuzeigen. Ebenso werden die Organisationsstruktur sowie das CSR-Verständnis aufgezeigt. Bevor in Kapitel fünf die wirtschaftlichen und gesellschaftlichen Kennzahlen und Gründe für das Betreiben von CSR erläutert wird. Ebenso bildet dieses letzte Kapitel der Theorie die Basis für die Webseiten-Analyse und soll die Basis dessen sein.

Im sechsten Teil dieser Bakkalaureatsarbeit werden die 36 Vereine der ersten und zweiten deutschen Fußball-Bundesliga der Saison 2014/2015 anhand einer Inhaltsanalyse der Vereins-Webseiten untersucht. Die Kategorien beinhalten zum einen die Strukturmerkmale, d.h. ob die Website Corporate Social Responsibility überhaupt thematisiert. Verfügt ein Verein nicht über eine solche Sektion, wird dieser aus der weiteren Analyse ausgeschlossen.[8] Ein weiteres relevantes Merkmal ist die Interaktivität und Reaktivität. Hier wird analysiert, ob es die Möglichkeit gibt, mit Personen aus dem Verein Kontakt aufzunehmen. Die vierte Kategorie bezieht sich auf die inhaltlichen Merkmale, welche angeboten werden. Welche Themen werden kommuniziert?[9] Ein weiteres Instrument, welches aufzeigen soll, ob CSR bereits implementiert ist, ist die Einsicht in die Organisationsstrukturen der Vereine. Anhand dieser fünf Kernthemen soll aufgezeigt werden, in welchem Maße die 36 Vereine der ersten und zweiten Deutschen Fußball-Bundesliga Corporate Social Responsibility bereits implementiert haben.

Das Resümee dieser Arbeit zeigt auf, ob die Deutschen Fußball-Bundesligen und Corporate Social Responsibility, die letzten 53 Jahre nebeneinander existiert haben. Des Weiteren wird ein Ausblick auf die Entwicklung der gesellschaftlichen Verantwortung im Bereich des Sportmanagements und insbesondere der Fußball-Bundesliga Vereine sowie weitere Gedanken zu dem Forschungsansatz erfolgen.

---

[8] Es reicht nicht aus, wenn nur eine der drei Säulen auf der Website thematisiert wird.
[9] Vgl. Ingenhoff/Kölling (2011). S. 487f.

1.1. MOTIVATION DES AUTORS

Heutzutage wird das Thema der gesellschaftlichen Verantwortung immer wichtiger. Was jedoch im spezifischen gemeint ist, ist für den Laien in den meisten Fällen ein wenig durchschaubares Wirrwarr an Begrifflichkeiten, welche ihren Ursprung nicht nur im wirtschaftlichen, sondern auch im gesellschaftlichen Kontext innehaben. Die hauptsächliche Verortung des Themas ist wirtschaftlichen Ursprungs. Doch was nützt es einem Unternehmen, CSR zu betreiben, wenn es nicht darüber spricht? Die Kommunikation und Implementierung nach innen (z.B. Mitarbeiter) und außen (z.B. Zulieferer) ist ebenso wichtig, denn wer tut schon Gutes und redet nicht darüber? Dies trifft wohl auf die Wenigsten zu. Immerhin kann es sich um gute Public Relations handeln, welche die Reputation des Unternehmens national und international fördern bzw. bestärken kann.

Seit Jahrzehnten betreiben Fußballvereine soziales Engagement Warum also ein Thema öffentlich forcieren, was schon immer da war und im Sport selbstverständlich ist? Ganz einfach: es dient der Transparenz. Wohin fließt als Mitglied mein Geld? Was tut das Unternehmen bzw. der Verein für mich und die Generationen nach mir? Ist die Nachhaltigkeit in der Unternehmensphilosophie eine bloße Floskel oder wird danach gelebt? Jeder, der Teil eines Vereins, eines Unternehmens, einer Institution etc. ist, in welcher Form auch immer, sollte sich mit diesen Fragen auseinandersetzen.

1.2. DER FORSCHUNGSSTAND

Wie bereits angesprochen liegen die Ursprünge von Corporate Social Responsibility sowie der Deutschen Fußball-Bundesliga nur ein Jahrzehnt auseinander. Erste feiert im Jahr 2016 ihr 54-jähriges Bestehen[10], in den 1950er Jahren, also ein Jahrzehnt zuvor, erwähnte Howard R. Bowen das erste Mal den Begriff CSR in seinem Werk ‚Social Responsibility of a Businessman' und legte damit den Grundstein für das CSR-Konzept.[11] Dennoch dauerte es weitere 40 Jahre, bis die Wissenschaft, in den unterschiedlichen Bereichen, begann sich ernsthaft mit sozialer Verantwortung auseinanderzusetzen. Seit den 1990er Jahren umfasste das

---

[10] Vgl. Heering (2012). S 16.
[11] Vgl. Bassen/Jastram/Meyer (2005). Verfügbar unter: http://zfwu.de/fileadmin/pdf/2_2005/6_2_14_%20Bassen_Jastram_Meyer_Ideenforum.pdf [03.02.2016, 13:13 Uhr].

CSR-Konzept nicht mehr nur den finanziellen Nutzen für die Unternehmen, sondern den Aufbau eines langfristigen Unternehmensimages.[12] Obwohl sich zu dieser Zeit bereits die Wissenschaft mit der Thematik beschäftigte, wurden die Unternehmen in Deutschland erst zu Beginn des 21. Jahrhunderts mit der Veröffentlichung der ‚Rahmenbedingungen für die soziale Verantwortung von Unternehmen', dem sog. Grünbuch, der Europäischen Kommission (2001) aktiv.[13] Dennoch zeigen Aussagen, wie die folgende von Dow Votaw aus dem Jahr 1972, dass dieses Konzept ein wichtiger Bestandteil der gesellschaftlichen Verantwortung von Unternehmen jeglicher Art ist und das sich in den letzten 44 Jahren in der Diskussion bzw. Verortung dieses Begriffs kaum etwas geändert hat.[14]

> „The term is a brilliant one; it means something, but not always the same thing to everybody. To some it conveys the idea of legal responsibility or liability; to others it means socially responsible behavior in an ethical sense; to still others, the meaning transmitted is that of ‚response for', is a casual mode; many simply equate it with a charitable contribution."[15]

Der Begriff CSR ist damals wie heute ein Ungenauer, was auf Seiten der Unternehmer als auch in der Gesellschaft für Verunsicherung bzgl. der Implementierung sorgt und gesorgt hat.[16] Dabei sollte das Schaffen von Mehrwerten, intern wie auch extern, ein langfristiges Unternehmensziel sein, denn ohne dies sind sie nicht attraktiv für ihre Stakeholder und zudem auf lange Sicht wirtschaftlich weniger erfolgreich. Für Unternehmen war und ist es immer noch wichtig sich an der Gesellschaft zu orientieren. Denn bis heute gilt der Leitsatz:[17] „Was für die Gesellschaft gut ist, ist auch für das Unternehmen gut" […] „Geht's uns allen gut, geht's der Wirtschaft gut".[18] Die vermehrte Auseinandersetzung mit dem Thema auf sämtlichen Ebenen zeigt, dass Corporate Social Responsibility aus Politik, Wirtschaft und Wissenschaft im 21. Jahrhundert nicht mehr wegzudenken ist.[19/20] Dies zeigen auch die Forderungen der Kunden und Interessensgruppen etc.,

---

[12] Vgl. Eisenegger/Schranz (2011). S. 71.
[13] Vgl. Raupp/Jarolimek/Schultz (2011). S. 9.
[14] Vgl. Schneider (2012). S. 18
[15] Votaw/Sethi (1973): 11 f. zit. nach. Coelho/McClure/Spry (2003): 15 In: Schneider (2012). S. 18.
[16] Vgl. Schmidpeter (2012). S. 18.
[17] Vgl. Ebd. S. 1.
[18] Ebd. S. 1.
[19] Ebd. S. 13.

welche immer höhere Ansprüche an die unternehmerische Verantwortung stellen und erwarten, dass sie sich dieser annehmen. Dies erfüllen Unternehmen durch das fortwährende Voranschreiten der Integration von Maßnahmen, sowohl auf der internen als auch der externen Ebene.[21]

1.3. DIE PROBLEMSTELLUNG

In diesem Abschnitt wird die Problemstellung der Arbeit anhand von zehn Fragestellungen näher erläutert, welche auch den roten Faden dieser Arbeit skizzieren.

Die zehn forschungsleitenden Fragestellungen lauten:
1. Wie wird unter CSR verstanden?
2. Was beinhalten die drei Säulen des CSR-Konzepts und wie stehen sie zueinander?
3. Welche Instrumente zur Messung und Implementierung von CSR gibt es?
4. Welche angrenzenden Theorien stehen mit CSR in Verbindung?
5. Was sind die Pro- und Contra-Argumente für das Umsetzen des CSR-Konzepts?
6. Wie ist die Deutsche Fußball-Bundesliga organisiert?
7. Wird das CSR-Konzept in den Vereinen der Deutschen Fußball-Bundesligen umgesetzt?
8. Mit welchen Themen setzen sich die Vereine auseinander?
9. Welche Möglichkeiten haben die Nutzer auf den Webseiten mit den Vereinen kontakt bzgl. des Themas aufzunehmen?
10. Wie wird sich CSR im Bereich des Profi-Fußballs in Deutschland entwickeln?

1.3.1. FORSCHUNGSFRAGE

Welcher Zusammenhang besteht zwischen dem Erfolg[22] und der Implementierung von Corporate Social Responsibility?

Anhand der Forschungsfrage soll herausgefunden werden, ob und welche CSR-Maßnahmen in den Vereinen der ersten und zweiten Deutschen Fußball-

---

[20] Raupp/Jarolimek/Schultz (2011). S. 9.
[21] Vgl. Etter/Fieseler (2011). S. 269.
[22] Der Begriff ‚Erfolg' meint hier die Platzierung in der Tabelle und ob die Vereine in der ersten oder zweiten Fußball-Bundesliga spielen.

Bundesliga implementiert sind und welchen Stellenwert das Konzept im Jahr 2016 in diesem Bereich einnimmt. Die Inhaltsanalyse der 36 Vereins-Webseiten wird auch zeigen, ob es Unterschiede zwischen den Vereinen der ersten und zweiten Deutschen Fußball-Bundesliga gibt.

1.3.2. HYPOTHESE

Umso erfolgreicher die Vereine sind, desto eher werden CSR-Maßnahmen implementiert.

An dieser Stelle soll kurz erwähnt werden, dass die Webseiten-Analyse der 36 Vereine aus der ersten und zweiten Deutschen Fußball-Bundesliga anhand weniger Indikatoren und innerhalb eines kurzen Zeitraumes (August 2014 bis Juni 2015) erfolgt, welche daher keinen Anspruch auf Vollständigkeit erhebt.

2. CORPORATE SOCIAL RESPONSIBILITY

In diesem zweiten Kapitel der Bakkalaureatsarbeit über die Implementierung von Corporate Social Responsibility im Sportmanagement der ersten und zweiten Deutschen Fußball-Bundesliga geht es unter anderem um die Verortung des Begriffes CSR.

Im Folgenden wird der CSR-Begriff definiert und anhand der Carroll´schen Verantwortungspyramide sowie dem ‚magischen Dreieck' in seinen Bestandteilen erläutert und in Beziehung gesetzt. Ebenso werden in diesem Kapitel die möglichen Maßnahmen zur Messung und Implementierung aufgezeigt, welche den europäischen Regelungen angepasst sind. Ein weiterer Abschnitt beschäftigt sich mit den Wegen und Antreibern der Institutionalisierung von CSR-Konzepten und hinterfragt den Einsatz von CSR auf der Ebene des Unternehmens sowie auf der Ebene der internen und externen Stakeholder. Des Weiteren werden CSR-Konzepte vorgestellt, die sich seit den 1990er Jahren herausgebildet haben.

2.1. BEGRIFFSVERSTÄNDNIS

Wie bei vielen anderen Begriffen auch gibt es in der Corporate Social Responsibility (gesellschaftliche Verantwortung) bis heute kein allgemeingültiges Begriffsverständnis, weder auf nationaler noch auf internationaler Ebene und das, obwohl CSR genau genommen seit mehr als 50 Jahren ein Bestandteil der Managementlehre und der Unternehmensethik ist. Gerade im 21. Jahrhundert kann es sich ein Unternehmen nicht mehr erlauben nur eine Position zu beziehen, es muss diese auch offen leben.[23] Jedoch reicht es nicht mehr aus, lediglich im Bereich des sozialen Engagements tätig zu sein, da CSR mehr ist als dieser eine Teil.[24] Das gilt nicht nur für externe CSR-Maßnahmen, sondern auch für interne, denn ein erfolgreiches Unternehmen schafft es nicht nur selbst die gesellschaftliche Verantwortung zu übernehmen, sondern auch seine Mitarbeiter dazu zu animieren

---

[23] Vgl. Lin-Hi (o.A.,a). Verfügbar unter: http://wirtschaftslexikon.gabler.de/Definition/corporate-social-responsibility.html [03.02.2016, 17:00 Uhr].
[24] Vgl. Bassen/Jastram/Meyer (o.A.). Verfügbar unter: http://zfwu.de/fileadmin/pdf/2_2005/6_2_14_%20Bassen_Jastram_Meyer_Ideenforum.pdf [03.02.2016,17:07 Uhr].

sich für die Gesellschaft zu engagieren.[25] „*Die Leistungsbeiträge von Unternehmen durch ressourceneffiziente Produkte und Produktionsverfahren, technologische und soziale Innovationen sowie sozialverträgliches und mitarbeiterorientiertes Handeln sind Schlüsselressourcen auf dem Weg zu einer nachhaltigen Entwicklung. Grundlage ist ein Verständnis von Nachhaltigkeit, das die wirtschaftliche Leistungsfähigkeit mit ökologischer Verantwortung und sozial gerechtem Ausgleich verbindet.*"[26] Die Art und Weise der Implementation im Management liegt ganz beim Unternehmen selbst. Zum einen kann es sich dabei um Wohltätigkeit handeln, bspw. in Form von Sponsoring. Eine andere Möglichkeit ist der effiziente Umgang mit Ressourcen. Der dritte Ansatz ist die Stakeholderorientierung, welche sich in erster Linie mit den Interessen der einzelnen Bezugsgruppen befasst[27]. Das „*Management der Wertschöpfung*"[28] hat zum Ziel, Gewinne zu generieren und unerwünschte Effekte nicht nur im Unternehmen selbst, sondern auch bei Dritten, bspw. Zulieferern zu eliminieren. Die Aufgabe der Unternehmensführung ist es, die Umsetzung in der gesamten Wertschöpfungskette durchzusetzen und auf deren Einhaltung zu achten.[29]

Schlussendlich lässt sich festhalten, dass CSR „*auf der einen Seite, wie bereits erwähnt, ein Konzept, mit dem soziale und ökologische Belange in die Unternehmenstätigkeit […] integriert werden beschreibt. Auf der anderen Seite wird es als Reaktion auf gesellschaftliche Erwartungen verstanden [sic.]*"[30].

Eine der elementarsten CSR-Richtlinien wurde 2001 von der Europäischen Kommission in Brüssel verabschiedet und im Jahr 2011 weiter an die Bedürfnisse der Unternehmen sowie der Gesellschaft angepasst. Da dieses, wie sich im Folgenden zeigen wird, den Umschwung im Denken und der Umsetzung bzgl. der Thematik schaffte, wird dieses nachstehend näher betrachtet.

---

[25] Vgl. Lin-Hi (o.A.,a). Verfügbar unter: http://wirtschaftslexikon.gabler.de/Definition/corporate-social-responsibility.html [03.02.2016, 19:15 Uhr].
[26] Bertelsmann Stiftung (2015). S. 4. Verfügbar unter: http://www.bertelsmann-stiftung.de/fileadmin/files/user_upload/Gesamtbericht_CRI_2015.pdf [03.02.2016, 19:35 Uhr].
[27] Hierauf wird in Abschnitt 2.7.4 näher eingegangen.
[28] Vgl. Lin-Hi (o.A.,a). Verfügbar unter: http://wirtschaftslexikon.gabler.de/Definition/corporate-social-responsibility.html [03.02.2016, 19:42 Uhr].
[29] Vgl. Ebd. [03.02.2016, 19:44 Uhr].
[30] Karmasin/Weder (2011). S. 463.

2.1.1. EUROPÄISCHE KOMMISSION

Eine mögliche Richtlinie, was gesellschaftliche Verantwortung im europäischen Raum für Unternehmen bedeutet, wäre die der Europäischen Kommission, welche sich im ‚Grünbuch' aus dem Jahr 2001 mit der sozialen Verantwortung auseinandergesetzt und diese *„[...] als ein Konzept, das den Unternehmen als Grundlage dient, auf freiwilliger Basis soziale Belange und Umweltbelange in ihre Unternehmenstätigkeit und in die Wechselbeziehungen mit den Stakeholdern zu integrieren"*[31] definiert hat. 2011 wurde diese durch die Integration von ethischen Themen sowie Menschen- und Verbraucherrechten in ihre bestehende Definition erweitert. Des Weiteren wurde eine Strategie vorgelegt, wie die Unternehmen diese in die Betriebsführung eingliedern und ihre Stakeholder mit einbeziehen können. An vorderster Stelle steht die Schaffung von gemeinsamen Werten und somit die Minderung von negativen Assoziationen in Bezug zum Unternehmen, welche nicht bloß von diesen selbst eingehalten werden sollen, sondern auch von Dritten. Die Art und Weise der Implementierung von Corporate Social Responsibility soll dabei in der Hand der Unternehmen bleiben, damit diese so innovativ wie möglich auf dem Markt agieren können. Behörden sollen sich allenfalls dann einschalten, wenn ergänzende Vorschriften notwendig sind, um die Transparenz auf den Wirtschaftsmärkten national und international zu gewährleisten.[32] Wie die Europäische Kommission 2011 beschreibt, sind vor allem jene Unternehmen in der Pflicht CSR zu betreiben und dabei unterstützt zu werden, welche im ökologischen und sozialen Bereich tätig sind und ihre Gewinne in diese Tätigkeitsfelder reinvestieren.[33/34] Unternehmen, die CSR-Maßnahmen im internationalen Sinn betreiben möchten, können sich des Weiteren an den Prinzipien der Institutionen[35] orientieren[36], die auch eine unterstützende Funktion innehaben um

---

[31] Europäische Kommission (2011). S. 4 http://ec.europa.eu/geninfo/query/index.do?queryText=CSR+Definition&query_source=ENTERPRISE&summary=summary&more_options_source=restricted&more_options_date=*&more_options_date_from=&more_options_date_to=&more_options_language=de&more_options_f_formats=*&swlang=de [04.02.2016, 18:30 Uhr].
[32] Vgl. Ebd. S. 4ff. [04.02.2016, 19:32 Uhr].
[33] Vgl. Ebd. S. 9. [04.02.2016, 19:36 Uhr].
[34] Demnach müssten Fußballvereine zu den Unternehmen gehören, welche unterstützt werden, und ein großes Interesse daran haben sich verstärkt im Bereich Corporate Social Responsibility zu positionieren.
[35] siehe Kapitel 2.5., S. 25ff.
[36] Die Europäische Kommission hat sich an ihrer Definition an diesen globalen CSR-Konzepten orientiert.

CSR-Maßnahmen im Unternehmen zu implementieren und gleichzeitig messbar bzw. vergleichbar zu machen.[37]

Die Europäische Kommission hat es geschafft zu Beginn des 21. Jahrhunderts, durch ihre Richtlinien, einen allgemeingültigen Rahmen inkl. der Grundbedingungen zu schaffen, welche es Unternehmen ermöglicht sich mit dem CSR-Konzept auseinanderzusetzen.

Was fehlt ist eine detaillierte Beschreibung dessen, was Corporate Social Responsibility im Speziellen meint. Dies soll im Folgenden näher erläutert werden. Zunächst wird das CSR-Konzept anhand der Carroll'schen Verantwortungspyramide in vier Ebenen unterteilt. Da diese lediglich ein Grundverständnis darstellt, wird diese mit dem ‚magischen Dreieck' von Corporate Social Responsibility in Beziehung gesetzt und dieses erläutert.

2.2. DIE VERANTWORTUNGSPYRAMIDE NACH ARCHIE B. CARROLL

Archie B. Carroll beschrieb bereits in den 1990er Jahren die unterschiedlichen Ebenen der gesellschaftlichen Verantwortung von CSR und unterteilte diese in die folgenden vier Bereiche, welche er als Pyramide darstellte.[38]

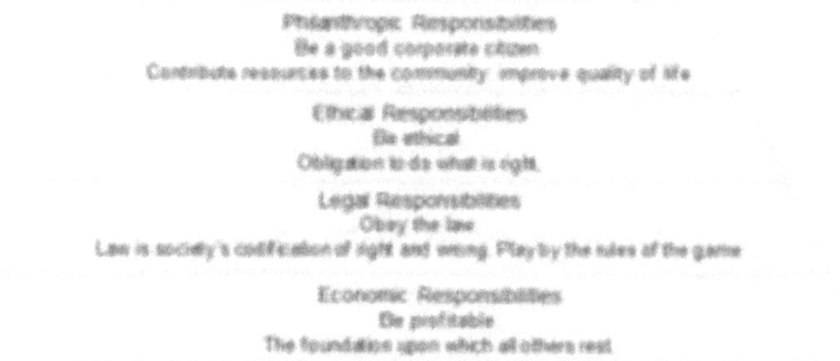

Philanthropic Responsibilities
Be a good corporate citizen
Contribute resources to the community; improve quality of life

Ethical Responsibilities
Be ethical
Obligation to do what is right.

Legal Responsibilities
Obey the law
Law is society's codification of right and wrong. Play by the rules of the game

Economic Responsibilities
Be profitable
The foundation upon which all others rest

Abbildung 1: Pyramide von Corporate Social Responsibility (Archie B. Carroll)[39]

---

[37] Vgl. Europäische Kommission (2011). S. 8. http://ec.europa.eu/geninfo/query/index.do?queryText=CSR+Definition&query_source=ENTERPRISE&summary=summary&more_options_source=restricted&more_options_date=*&more_options_date_from=&more_options_date_to=&more_options_language=de&more_options_f_form ats=*&swlang=de [04.02.2016, 19:45 Uhr].
[38] Vgl. Raupp/Jarolimek/Schultz (2011). S. 10.
[39] Carroll (1991). S. 42.

Die unterste Ebene ‚Economic Responsibilities' setzt sich mit der ökonomischen Verantwortung von Unternehmen auseinander. Diese ist damals wie heute, ein Bestandteil des CSR-Konzeptes. Die ‚Legal Responsibilities' setzen sich mit dem gültigen Recht auseinander, welches eingehalten werden muss. Das Recht gehört auch heute noch zum Konzept, auch wenn dieses kein offensichtlicher Bestandteil mehr ist. Vielmehr bildet es einen allumfassenden Rahmen, wie bisher in der Begriffsverortung und später in den Maßnahmen zur Umsetzung und Messung ersichtlich wird. Die dritte Ebene wurde ca. 10 Jahre später in die Definition von Corporate Social Responsibility der Europäischen Kommission aufgenommen, sie umfasst den Bereich der Ethik. Ebenso wie der rechtliche Bereich, wird auch dieser im ‚magischen Dreieck' nicht explizit erwähnt, sondern als Handlungsrahmen für alle Bereiche verstanden. Ganz oben in der Pyramide steht für Carroll die Verantwortung, die das Unternehmen für die Gesellschaft hat (Corporate Citizenship[40]).[41]

Problemtisch an diesem Verständnis von CSR ist, dass alleine die Gewinnmaximierung (Ebene 1) sowie die Einhaltung des gültigen Rechts (Ebene 2) bereits als die Umsetzung/Teilhabe von gesellschaftlicher Verantwortung dargestellt werden könnte.[42]

2.3. DIE DREI SÄULEN VON CORPORATE SOCIAL RESPONSIBILITY

Die drei Verantwortungsbereiche von CSR stehen nicht für sich alleine, sondern bilden ein sog. ‚magisches Dreieck', welches aufzeigt, dass diese nicht isoliert agieren, sondern sich gegenseitig ergänzen und überschneiden.[43] Im Mittelpunkt steht Corporate Social Responsibility als Gesamtkonzept.

---

[40] Dieser Ansatz wird in Kapitel 2.7.1. ausführlicher erläutert.
[41] Vgl. Raupp/Jarolimek/Schultz (2011). S. 10f.
[42] Vgl. Ebd. S. 10f.
[43] Vgl. Kuhlen (2005). S. 24.

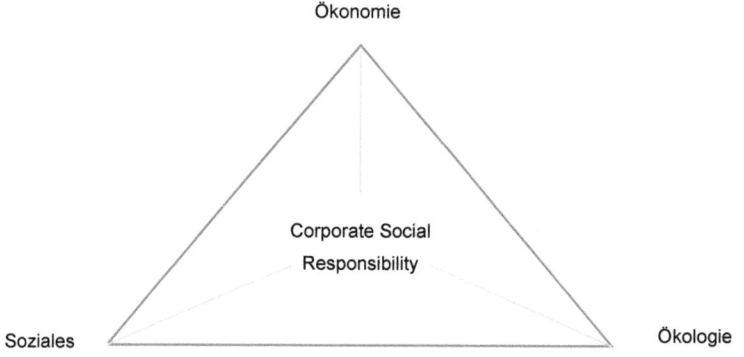

Abbildung 2: Die Bestandteile des magischen Dreiecks (Eigene Darstellung)

2.3.1. ÖKONOMISCHE VERANTWORTUNG

Die folgenden Aspekte sind in den Bereich der ökonomischen Verantwortung implementiert:

1. Die Wertschöpfung, welche sich mit den Werten eines Unternehmens, sowie mit deren Stakeholdern und der Gesellschaft auseinandersetzt und deren Kennzahlen transparent dargestellt.
2. Der zweite Bereich beinhaltet die Vermögens-, Bilanz- und Ertragsrate des Unternehmens und ermöglicht einen Einblick in die ökonomischen Eckdaten.
3. Das Produktmarketing ist ein weiterer Teil, welcher die Transparenz von Informationen für Kunden sowie die Vermeidung von Widersprüchen, bspw. in der Aussage über die Herstellung eines Produktes nach innen und außen, im Vordergrund hat.
4. Die Regionalität bzw. das regionale Handeln eines Unternehmens ist ein weiterer Indikator und meint in diesem Fall, dass diese sich mit den direkten gesellschaftlichen Gegebenheiten auseinandersetzen, d.h. bspw. Mitarbeiter aus der direkten Umgebung einstellen und Produkte aus dieser bevorzugen.
5. Weitere Bereiche der ökonomischen Verantwortung sind die Liquiditätssicherung sowie das Gewinnen von Marktanteilen und Kunden.[44] Es ist jedoch zu beachten, dass eine reine Gewinnmaximierung und/oder -erzielung nicht genügt. Das Ziel ist dann erreicht, *„wenn die Gewinne ökonomisch verantwortlich für nachhaltige, d.h. zukunftssichernde*

---

[44] Vgl. Österreichische Gesellschaft für Umwelt und Technik (o.A.). S. 7f. Verfügbar unter: http://www.oegut.at/downloads/pdf/nh-berichterstattung-positionspapier.pdf [06.02.2016, 16:33 Uhr].

Maßnahmen eingesetzt werden"[45],[46] An diesem Punkt lässt sich die Veränderung des Begriffsverständnisses der ökonomischen Verantwortung im Vergleich zur Carroll´schen Pyramide aufzeigen. War es in den 1990er Jahren noch legitim Gewinnmaximierung als gesellschaftliche Verantwortung zu deklarieren, ist diese Ebene, wie vorhergehend aufgezeigt im ‚magischen Dreieck‘, an weitere Bedingungen gebunden.[47]

6. Ein weiteres Argument für den ökonomischen Aspekt von CSR ist die Konsequenz, dass Unternehmen die Unterstützung der Gesellschaft (licence to operate) entzogen wird, sofern dies ihrer Verantwortung nicht nachkommt. Das Verhalten eines Unternehmens kann diverse gesellschaftliche Sanktionen mit sich ziehen, mit all den ökonomischen Konsequenzen für das Unternehmen per se.[48]

2.3.2. ÖKOLOGISCHE VERANTWORTUNG

Der zweite Aspekt von Corporate Social Responsibility ist der Ökologische, welcher in direkte und indirekte Kategorien unterteilt werden kann. Zu den indirekten Kategorien zählen u.a. die *„Nutzung von natürlichen Ressourcen und Rohstoffen"*[49] sowie die Verkehrswege von Mitarbeitern und Zulieferern.[50] Der Bezug der Thematik zum Management und somit zur Ökonomie zeigt sich in den direkten Aspekten. Das Unternehmen ist hier in der Pflicht nicht nur sich selbst die ökologische Verantwortung auf die Fahne zu schreiben, sondern u.a. auch seine Mitarbeiter, Zulieferer und Kunden dazu anzuhalten, Verantwortung in diesem Bereich zu übernehmen.[51]

2.3.3. SOZIALE VERANTWORTUNG

Wie bereits in den Definitionen ersichtlich, ist der Punkt der sozialen Verantwortung in der Unternehmensethik ein immanenter Bestandteil. So umfasst diese Themen der Menschenrechte, der Gesundheit und der Sicherheit am Arbeitsplatz, den

---

[45] Raupp/Jarolimek/Schultz (2011). S. 11f.
[46] Vgl. Ebd. S. 11f.
[47] Vgl. Ebd. S. 11.
[48] Vgl. Etter/Fieseler (2011). S. 271.
[49] Österreichische Gesellschaft für Umwelt und Technik (o.A.). S. 5. Verfügbar unter: http://www.oegut.at/downloads/pdf/nh-berichterstattung-positionspapier.pdf [06.02.2016, 16:45 Uhr].
[50] Vgl. Ebd. S. 5f. [06.02.2016, 16:51 Uhr].
[51] Vgl. Ebd. S. 5. [06.02.2016, 16:57 Uhr].

Umgang mit Mitarbeitern und die Integration dieser.[52] Die soziale Verantwortung eines Unternehmens geht jedoch über diese Aspekte hinaus, denn sie ist nicht nur dafür verantwortlich, dass Grundsätze auf moralischer und ethischer Ebene eingehalten werden. Es geht auch darum, die Mitarbeiter durch freiwillige Weiterbildungsangebote oder durch die Schaffung von Entlastungsmaßnahmen (Familie und Beruf) zu unterstützen.[53] Inwieweit die soziale Verantwortung implementiert werden kann hängt damit zusammen, wie groß das Unternehmen ist und auf welchem gesellschaftlichen Gebiet es sich bewegt. Das Unternehmen muss sich „[…] als Teil der Gesellschaft verstehen […]"[54], um seine Ziele diesbezüglich umsetzen zu können.[55] Zusammenfassend lässt sich festhalten, dass die soziale Verantwortung von Unternehmen eine nicht zu unterschätzende kommunikative Basis innehat, da sie sich mit der Gesellschaft direkt und öffentlich auseinandersetzen muss. Zumal die Kommunikation nach außen immer Werte und Bewertungen zur Folge hat.[56]

2.3.4. DIE WISSENSCHAFTLICHEN FAKTOREN DES MAGISCHEN DREIECKS

Die Bestandteile des ‚magischen Dreiecks' werden für die Wissenschaft in zwei Kategorien unterteilt. Zum einen in die harten Faktoren, welche bspw. *„Umweltbewusstsein […], Spendenpolitik, Recht, Strukturen, Stakeholder […]"*[57] umfassen. Diese sind leichter zu messen, als die weichen Faktoren, denn Zweitere beinhalten bspw. die sozialen und ethischen Rahmenbedingungen in einem Unternehmen. Die Möglichkeit der Messung der weichen Faktoren wird in der Wissenschaft immer wichtiger, da sie immer mehr an Relevanz zunehmen.[58]

2.4. WEGE DER INSTITUTIONALISIERUNG VON CSR

In den Abschnitten 2.1. bis 2.3. ging es hauptsächlich darum, was Corporate Social Responsibility für ein Unternehmen bedeutet bzw. was darunter verstanden werden kann. Bevor in Kapitel 2.5. die Instrumente zur Messung und Implementierung von CSR-Maßnahmen aufgezeigt werden, werden im Folgenden vier Wege inkl.

---

[52] Vgl. Österreichische Gesellschaft für Umwelt und Technik (o.A.). S. 5. Verfügbar unter: http://www.oegut.at/downloads/pdf/nh-berichterstattung-positionspapier.pdf [06.02.2016, 17:05 Uhr].
[53] Raupp/Jarolimek/Schultz (2011). S. 11f.
[54] Kuhlen (2005). S. 9.
[55] Vgl. Ebd. S. 9.
[56] Szyska (2011). S. 128.
[57] Kuhlen (2005). S. 28
[58] Vgl. Ebd. S. 28.

Begründung der Institutionalisierung, nach Schultz und Wehmeier, von Corporate Social Responsibility erläutert.

Treiber	Institutionalisierung aufgrund von:	Hintergründe:
1. Wettbewerb (mimetisch)	Existenz unübersichtlicher Märkte: CSR wird von einzelnen Unternehmen eingeführt und durch andere imitiert, ohne ausgewiesene Effizienz der Strategie	turbulente Wettbewerbsumwelten, in denen die Intransparenz von Erfolgsfaktoren eine Nachahmung von Innovatoren begünstigt, die CSR als Differenzierungsmerkmal oder als gelebte Unternehmensphilosophie einführen
2. Regulative Normen (regulativ)	Existenz von Gesetzen, Richtlinien oder drohender Regulierung: z.B. Naturschutz, Mitarbeiterrechte, Arbeitssicherheit	Politik und Europäische Kommission haben großes Interesse daran, über CSR soziale Kohärenz und ökonomisches Wachstum zu fördern
3. Professionelle Normen (normativ)	Existenz von Standards: Als Mitglied großer Organisationen mit Mitgliedschaftsregeln, aber auch durch Beratungsakteure und Wissenschaft implementieren Unternehmen Standards	allgemeine Professionalisierung durch Beratungsakteure und die Wissenschaft, welche bspw. mit der Entwicklung von Standards und der Evaluation von Instrumenten Rationalisierungsarbeit leisten
4. Öffentlicher Druck (kognitiv)	Existenz moralisierender Kommunikation: Unternehmenskritische Akteure (z.B. NGO´s) und Kritik in den Massenmedien üben moralischen Druck auf das Unternehmen aus	durch Protestakteure und Medien institutionalisiert, welche die Legitimität von Organisationen und deren Identität grundlegend in Frage stellen

Tabelle 1: Wege der Institutionalisierung von CSR (nach Schultz & Wehmeier)[59/60]

---

[59] Schultz/Wehmeier (2011). S. 377.
[60] Spalten ‚Treiber und Institutionalisierung von' aus der Tabelle übernommen, Spalte ‚Hintergründe' aus dem Fließtext adaptiert.

2.5. INSTRUMENTE ZUR MESSUNG UND IMPLEMENTIERUNG VON CSR- MAßNAHMEN

Grundlegend ist hier zunächst einmal festzuhalten, dass es sich bei Corporate Social Responsibility um ein freiwilliges Konzept handelt, welches nicht zwingend implementiert werden muss. Dennoch muss bedacht werden, dass es für Unternehmen in Europa durch die Europäische Union in der Sozial- und Umweltgesetzgebung Bestimmungen gibt, nachdem es gesellschaftlich verantwortlich handeln muss. Nicht enthalten ist der Umfang, in dem die Unternehmen diese zu implementieren haben. Die Freiwilligkeit basiert vor allem darauf, dass nur solche Maßnahmen umzusetzen sind, die sich das Unternehmen leisten kann und die in ihre Unternehmensstrategie integriert werden können. Zudem dürfen diese nicht „*über die ohnehin einzuhaltenden gesetzlichen und vertraglichen Verpflichtungen hinausgehen, das CSR-Instrument nicht rechtlichen Regelungen widersprechen und nicht betriebliche Mitbestimmungen und Betriebsvereinbarungen unterlaufen [sic.]*"[61].[62]

2.5.1. UNITED NATIONS – GLOBAL COMPACT

"*Corporate sustainability starts with a company's value system and a principled approach to doing business.*"[63]

Kofi Anan initiierte im Jahr 2000 die Global Compacts, um die Globalisierung im wirtschaftlichen und zivilgesellschaftlichen Bereich sozialer und ökologischer zu gestalten. Ziel war und ist es Unternehmen dazu zu animieren sich sozial zu engagieren und nachhaltige Märkte zu schaffen.[64] „*Mit mehr als 12.000 teilnehmenden Unternehmen und Organisationen ist der UN Global Compact heute das weltweit größte Netzwerk für unternehmerische Verantwortung (Corporate Social Responsibility - CSR). Es sind jedoch nicht nur Unternehmen eingeladen, sich am weltumspannenden Pakt zu beteiligen, sondern auch Regierungs- und*

---

[61] Kuhlen (2005). S. 12.
[62] Vgl. Ebd. S. 12.
[63] United Nations Global Compact (o.A.). Verfügbar unter: https://www.unglobalcompact.org/what-is-gc/mission/principles [06.02.2016, 18:00 Uhr].
[64] Vgl. Global Compact. Network Austria (o.A.,a). Verfügbar unter: http://www.unglobalcompact.at/ungc/site/de/unglobalcompact/allgemeines [17.04.2016, 14:46 Uhr].

Nichtregierungsinstitutionen sowie Bildungseinrichtungen. [sic][65] Ein weiteres Ziel des Compacts, welches sich als Multistakeholderplattform versteht ist es, die Interessensgruppen zusammenzubringen und daraus Partnerschaften entstehen zu lassen. Diese sollen gemeinsam die zehn Prinzipien, die in vier Hauptkategorien aufgeteilt sind, umsetzen:[66]

1. *„Menschenrechte: (1) Unternehmen sollen den Schutz der internationalen Menschenrechte innerhalb ihres Einflussbereichs unterstützen und (2) achten und sicherstellen, dass sie sich nicht an Menschenrechtsverletzungen mitschuldig machen.*
2. *„Arbeitsnormen: (3) Unternehmen sollen die Vereinigungsfreiheit und die wirksame Anerkennung des Rechts auf Kollektivverhandlungen wahren sowie ferner für (4) die Beseitigung aller Formen der Zwangsarbeit, (5) die Abschaffung der Kinderarbeit und (6) die Beseitigung von Diskriminierung bei Anstellung und Beschäftigung eintreten.*
3. *Umweltschutz: (7) Unternehmen sollen im Umgang mit Umweltproblemen einen vorsorgenden Ansatz unterstützen, (8) Initiativen ergreifen, um ein größeres Verantwortungsbewusstsein für die Umwelt zu erzeugen und (9) die Entwicklung und Verbreitung umweltfreundlicher Technologien fördern.*
4. *Korruptionsbekämpfung: (10) Unternehmen sollen gegen alle Arten der Korruption eintreten, einschließlich Erpressung und Bestechung. [sic]*[67]

2.5.2. ISO 26000

Die ISO 26000 wird von der Europäischen Kommission als eines der Rahmenwerke im Bereich der globalen Verantwortung von Unternehmen deklariert, welches 2010 entstand und somit auch für diese grundlegend war bzw. ist.[68] Sie definiert CSR als *„Verantwortung einer Organisation für die Auswirkungen ihrer Entscheidungen und Tätigkeiten auf die Gesellschaft und Umwelt durch transparentes und ethisches Verhalten, das zur nachhaltigen Entwicklung, Gesundheit und Gemeinwohl eingeschlossen beiträgt; die Erwartungen der Anspruchsgruppen berücksichtigt; einschlägiges Recht einhält und mit internationalen Verhaltensstandards*

---

[65] Global Compact. Network Austria (o.A.,a). Verfügbar unter: http://www.unglobalcompact.at/ungc/site/de/unglobalcompact/allgemeines. [17.04.2016, 14:48].
[66] Vgl. Ebd. [08.02.2016, 20:11 Uhr].
[67] Ebd. [17.04.2016, 15:05 Uhr].
[68] Vgl. Lexikon der Nachhaltigkeit (2015). Verfügbar unter: https://www.nachhaltigkeit.info/artikel/nachhaltigkeitsstandard_iso_26000_1565.htm [08.02.2016, 20:25 Uhr].

übereinstimmt; und in der gesamten Organisation integriert ist und in ihren Beziehungen gelebt wird."⁶⁹

Ähnlich wie die Vereinten Nationen legt die ISO 26000 dem Corporate Social Responsibility-Konzept Prinzipien und Kernkompetenzen zugrunde. Diese sind in die folgenden sieben Bereiche unterteilt:

1. *„Rechenschaftspflicht*
2. *Transparenz*
3. *ethisches Verhalten*
4. *Achtung der Interessen der Anspruchsgruppen*
5. *Achtung der Rechtsstaatlichkeit*
6. *Achtung internationaler Verhaltensstandards*
7. *Achtung der Menschenrechte"⁷⁰*.

Des Weiteren werden die durchzuführenden Kompetenzen im Bereich der gesellschaftlichen Verantwortung in *„Organisationsführung, Menschenrechte, Arbeitspraktiken, Umwelt, faire Betriebs- und Geschäftspraktiken, Konsumentenbelange, regionale Einbindung und Entwicklung des Umfeldes"⁷¹* spezifiziert.⁷²

2.5.3. CSR-VERHALTENSKODIZES – CODE OF CONDUCT

Hierbei handelt es sich um *„eine formelle Erklärung zu den Werten und Aktivitäten eines Unternehmens [...]. Der Code of Conduct gibt den Mitarbeitern eine Orientierung in moralischen Dilemmasituationen und ist die Grundlage des Ethikmanagements"⁷³*. Diese Leitlinien beinhalten die Umgangsformen des Miteinanders sowohl im Unternehmen als auch gegenüber Stakeholdern und sonstigen Interessensgruppen sowie die Stärkung der Unternehmensidentität im Bereich der sozialen Verantwortung. Die Implementierung der Verhaltenskodizes in das Unternehmen kann es diesem erleichtern seine eigenen Werte zu überprüfen und auf deren Einhaltung zu achten, aber auch die Unternehmensphilosophie mit denen der Gesellschaft zu vergleichen und diese gegebenenfalls anzupassen.

---

[69] Schneider(2012). S. 23.
[70] Ebd. S. 23f.
[71] Ebd. S. 23f.
[72] Vgl. Ebd. S. 23f.
[73] Vgl. Kuhlen (2005). S. 12.

Die Schwierigkeit liegt mit Sicherheit u.a. darin, dass die Codes auf jeden Stakeholder passen müssen und sich nicht widersprechen dürfen, um der Umsetzung und einer Überprüfung standzuhalten.[74]

2.5.4. OECD[75]-GRUNDSÄTZE

Diese sind ein wichtiges Instrument, um nichtrechtsverbindliche Standards zu messen. Zudem dienen sie als Orientierungshilfe zur Umsetzung von CSR-Maßnahmen in verschiedenen Ländern oder Regionen. Die OECD-Grundsätze sind besonders für börsennotierte Unternehmen aber auch für GmbHs geeignet, welche ihre Unternehmensführung verbessern möchten. *„Sie betreffen das ganze Geflecht der Beziehungen zwischen dem Management eines Unternehmens, dem Aufsichtsorgan, den Aktionären und anderen Unternehmensbeteiligten (Stakeholdern)* [sic.]*"*[76].[77] Ein Schwerpunkt liegt des Weiteren in der Offenlegung von Informationen innerhalb eines Unternehmens.[78]

2.5.5. OECD-LEITSÄTZE FÜR MULTINATIONALE UNTERNEHMEN

Wie bei den OECD-Grundsätzen handelt es sich bei den Leitsätzen ebenso um Empfehlungen, wie Unternehmen gesellschaftliche Verantwortung implementieren können. Die Leitsätze orientieren sich am internationalen Recht und machen das Handeln des Unternehmens innerhalb eines globalen Kontextes möglich.[79] Die thematischen Schwerpunkte liegen in der Offenlegung von Informationen, in der Beschäftigung, in den Menschenrechten, der Umwelt, der Korruption, den Verbraucherinteressen sowie dem Wettbewerb und der Besteuerung.[80] *„Mit den Leitsätzen soll gewährleistet werden, dass die Aktivitäten multinationaler Unternehmen im Einklang mit den staatlichen Politiken stehen, die Vertrauensbasis zwischen den Unternehmen und dem Gastland gestärkt, das Klima für ausländische*

---

[74] Vgl. Kuhlen (2005) S. 14ff.
[75] The Organisation for Economic Co-operation and Development (OECD)
[76] OECD (2004). S. 11. Verfügbar unter: http://www.oecd.org/corporate/ca/corporategovernanceprinciples/32159487.pdf [08.02.2016, 20:30 Uhr].
[77] Vgl. Ebd. S. 4. [08.02.2016, 20:34 Uhr].
[78] Vgl. Ebd. S. 25. [08.02.2016, 20:40 Uhr].
[79] Vgl. Ebd. S. 3. [08.02.2016, 20:54 Uhr].
[80] Vgl. OECD (2008). S. 12. Verfügbar unter: http://www.oecd.org/berlin/41988592.pdf [08.02.2016, 20:58 Uhr].

Investitionen verbessert und der Beitrag der multinationalen Unternehmen zur nachhaltigen Entwicklung gesteigert werden."[81]

Eine einheitliche, allumfassende, für alle Maßnahmen gültige Regelung kann es auch hier nicht geben, da es sich bei dem Konzept von Corporate Social Responsibility um ein hochgradig dynamisches System handelt, welches einem permanenten Wandel unterliegt und zudem spezifisch und individuell einsetzbar und umsetzbar ist.

Weiteres stellt sich die Frage, ob es dem Begriff CSR zu Gute käme diesen in Schranken zu manifestieren.[82] Die vorangegangenen Definitionen und Maßnahmen zur Implementierung und Messung weisen daher lediglich auf einen Weg hin, wie Corporate Social Responsibility global verstanden und umgesetzt werden kann.

2.6. WARUM CSR BETREIBEN?

„Social Responsibility begins where the law ends."[83]

Das Erscheinungsbild für Unternehmen in der Öffentlichkeit ist im 21. Jahrhundert immer wichtiger und somit auch die Art und Weise, wie es sich mit seiner Verantwortung, die es gegenüber der Gesellschaft hat, präsentiert.[84] Die folgende Tabelle führt die Pro- und Contra-Argumente von CSR-Maßnahmen in den Bereichen des Unternehmens, sowie der internen (Eigentümer, Aktionäre und Mitarbeiter) und der externen (Fremdkapitalgeber, Lieferanten, Kunden, Konkurrent, Staat und Gesellschaft) Anspruchsgruppen auf[85].[86] Zu beachten ist, dass es sich dabei um eine vereinfachte Darstellung/Aufteilung handelt, welche nicht 1:1 für jedes Unternehmen gültig ist. Ein weiterer wichtiger Aspekt ist der, dass die wirtschaftliche und gesellschaftliche Situation in den Entwicklungs- und Industrieländern eine andere und somit nur schwer zu vereinheitlichen ist. Ebenso muss bedacht werden, das wirtschaftliche und das gesellschaftliche Umfeld,

---

[81] Vgl. OECD (2011). S. 15. Verfügbar unter: http://www.oecd.org/corporate/mne/48808708.pdf [08.02.2016, 21:06 Uhr].
[82] Vgl. Schneider (2012). S. 19.
[83] Davis (1973). S. 313.
[84] Vgl. Kuhlen (2005). S. 1.
[85] Vgl. Thommen (o.A.). Verfügbar unter: http://wirtschaftslexikon.gabler.de/Archiv/1202/anspruchsgruppen-v6.html [08.02.2016, 21:13 Uhr].
[86] Vgl. Kuhlen (2005). S. 10ff.

Einfluss auf die Unternehmen und ihre Stakeholder haben.[87] Die Schwierigkeit besteht demnach auch weiterhin darin alle Zielgruppen unter einem Konzept zu vereinen, sodass diese auch in Fragen der gesellschaftlichen Verantwortung an einem Strang ziehen können.

	Pro	Contra
Unternehmen	o Risikovorsorge o schafft Sicherheit o bessere Bewertung von extern o Kostenreduktion o Vorteile Finanzbeschaffung o weniger Konflikte/Probleme o schafft ein stabiles Umfeld o produktivere Unternehmensumwelt (Infrastruktur, Umweltschutz etc.) o Investition in Mitarbeiter = wirtschaftlicher Vorteil o Imagesteigerung (guter Arbeitgeber)	o mangelndes Wissen über die Wechselwirkung CSR/ Unternehmensperformance o fehlende Transparenz durch fehlende Einigkeit
Interne Anspruchsgruppen	o Verbesserung Unternehmenskultur o Verbesserung interne Kommunikation o steigende Mitarbeiterzufriedenheit o langfristige Bindung o Steigerung Produktivität o Teamentwicklung o Kompetenzentwicklung o Personalentwicklung o Managemententwicklung o mehr qualifiziertes Personal u.a. durch Investition in die Ausbildung o Handeln grenzt an soziale Normen an	o mangelndes Wissen über CSR
Externe Anspruchsgruppen	o schafft Vertrauen o schafft Sicherheit bzgl. der Reduktion von Umwelt- und Sozialrisiken o Stärkung Kundentreue = langfristige Kundenbindung o Vertrauen o Wünsche befriedigen	o fehlende Einigkeit über Konzept o mangelndes Wissen über CSR o Mangel an Unterstützung/Anerkennung von extern o kein einheitliches Bewertungsverfahren

Tabelle 2: Pro- und Contra: Implementierung von CSR-Maßnahmen (Eigene Darstellung)[88]

---

[87]Vgl. Kuhlen (2005). S. 11.
[88] Vgl. Ebd. S. 11.

2.7. WEITERFÜHRENDE CSR-KONZEPTE

Corporate Social Responsibility ist, wie in dieser Arbeit bereit ersichtlich wurde, ein vielfältiges Konzept, welches diverse Themen und Zielgruppen innehat. Nicht zuletzt dadurch entstanden in den vergangenen Jahren immer mehr Ansätze, welche sich mit den einzelnen Anspruchsgruppen beschäftigen. Nachstehend werden folgende Ansätze aufgeführt.[89] Wie im Folgenden erläutert wird, haben die einzelnen Konzepte per se ein Kernthema inne, welches sich mit denen des ‚magischen Dreiecks' vereinen lässt.

Abbildung 3: Weiterführende Konzepte von CSR (Eigene Darstellung)

2.7.1. CORPORATE CITIZENSHIP

Der Ansatz der Corporate Citizenship (CC) gehört neben Corporate Social Responsibility zu den bekanntesten Konzepten der Wirtschafts- und Unternehmensethik.[90] *„Beide sind Ausdruck der ökonomischen Reflexion des aktuellen gesellschaftlichen Wandels und der Suchbewegung von Unternehmen, um mit den neuen Rollenzuweisungen, Rechten und Pflichten, neuen Kommunikationsformen und der Verhandlungsmacht neuer wie alter Anspruchsgruppen zurechtzukommen."*[91] Im engeren Sinn verbirgt sich hinter dem Begriff das soziale Engagement von Unternehmen, die sich durch Maßnahmen, wie bspw. Sponsoring oder Spenden, als ‚gute Bürger' positionieren wollen.

---

[89] An dieser Stelle ist festzuhalten, dass aufgrund des Umfangs dieser Arbeit eine intensivere Beschäftigung mit allen existierenden Ansätzen sowie mit den aufgezeigten Ansätzen nicht möglich war.
[90] Vgl. Gollnick (2013). S. 27.
[91] Ebd. S. 27.

Charakteristisch für diese Unternehmen ist im weiteren Sinne auch die Zusammenarbeit mit Organisationen, welche der Regierung angehören aber ebenso jenen, die nicht Regierungsorganisationen sind.[92] Eine weitere wichtige Kennzeichnung für Unternehmen, welche CC betreiben, ist die Auseinandersetzung mit ihren Stakeholdern und der daraus resultierenden Reputation für das Unternehmen. Dies kann jedoch nur erreicht werden, wenn die einzelnen Bereiche des sozialen Engagements benannt und nach außen kommuniziert werden. Nur durch die Kommunikation, ‚tue Gutes und rede darüber', kann ein positives Unternehmensimage transportiert werden und sich in der Gesellschaft implementieren.[93]

2.7.2. CORPORATE GOVERNANCE

Wie auch beim Ansatz zuvor setzt sich das Corporate Governance-Konzept mit seinen Stakeholdern auseinander und versucht in erster Linie das Vertrauen, sowohl national als auch international, zu gewinnen.[94] Corporate Governance (CG) ist jedoch im Unterschied zu CC und CSR vor allem darauf bedacht den rechtlichen und faktischen Rahmen einzuhalten, welcher in der Verantwortung der Führungsebenen eines Unternehmens liegt, wobei es sich in erster Linie um aktiennotierte Unternehmen handelt, die sich mit CG auseinandersetzen. Die Kernthemen von Corporate Governance sind daher u.a. das Krisen- und Risikomanagement, Unternehmenskommunikation, das internationale Management und Skandale. Die mangelnde Effizienz der Führungsebenen in den letzten Jahren hat den Einsatz der CG-Instrumente in den Vordergrund rücken lassen.[95] *„Treiber dieser Entwicklung sind zum einen die bekannten zahlreichen Fälle von Missmanagement und Unternehmensschieflagen im In- und Ausland. Zum anderen verleihen die Globalisierung der Wirtschaft und die Liberalisierung der Kapitalmärkte der Diskussion um effiziente und transparente Formen der Unternehmensführung zusätzliche Schubkraft."*[96]

---

[92] Vgl. Lin-Hi. (o.A.,b) Verfügbar unter: http://wirtschaftslexikon.gabler.de/Archiv/5125/corporate-citizenship-v11.html [08.02.2016, 21:40 Uhr].
[93] Vgl. Kuhlen (2005). S. 34f.
[94] Vgl. Ebd. S. 164.
[95] Vgl. Werder (o.A.). Verfügbar unter: http://wirtschaftslexikon.gabler.de/Archiv/55268/corporate-governance-v8.html [08.02.2016, 21:48 Uhr].
[96] Ebd. [08.02.2016, 21:52 Uhr].

2.7.3. DIVERSITY MANAGEMENT

Das Diversity Management (DiM) in Unternehmen setzt sich vor allem mit den internen Stakeholdern und deren Instrumenten auseinander, wie bspw. dem Teammanagement. Im Zentrum steht die Nutzung von Kompetenzen der einzelnen Mitarbeiter und deren Wertschätzung in den unterschiedlichen Bereichen im Zusammenhang der individuellen Qualifikationen. In den Unternehmen selbst führen DiM-Maßnahmen zu *„unternehmerischen Handlungsfeldern: wie der Entwicklung einer Unternehmenskultur, zu deren Werten die Anerkennung der Vielfalt gehört, die Sicherung der Chancengleichheit, der Nutzung von Potenzialen wie Teambildung, Kreativität oder Wissen, der Förderung von Innovationen auf Basis dieses Potenzials und der Vermeidung von Konflikten durch frühzeitige Einbeziehung in Managemententscheidungen [sic.]"*[97]. Diversity Management ist demnach ein fester Bestandteil der Personalentwicklung und -planung in einem Unternehmen. Zum anderen beschäftigt es sich nicht nur mit den Ansprüchen der eigenen Mitarbeiter, sondern auch mit denen weiterer Stakeholder. Damit ist DiM ein Teil des Reputationsmanagement von Unternehmen. Dieses Konzept kann mit Hilfe der folgenden Instrumente umgesetzt werden: *„Förderung von Frauen zur Erlangung von Führungspositionen (Geschlechter-Diversität), der Bereitstellung von Betriebskindergärten für Mitarbeiter mit Familie, Programme zur Bindung älterer Mitarbeiter (Alters-Diversity), der Einrichtung von Arbeitsplätzen für Menschen mit Behinderungen, Konzepte zur Balance von Arbeit und Freizeit (Work-Life-Balance) bis in das internationale Kulturmanagement etwa mit dem Aufbau interkultureller Verhandlungskompetenz"*[98].[99]

2.7.4. STAKEHOLDER-ANSATZ

Der Unterschied zu den bisher genannten Ansätzen liegt darin, dass der Stakeholder-Ansatz sich nicht nur mit den Anspruchsgruppen befasst, sondern auch mit den Shareholdern (Anteilseignern) eines Unternehmens.[100] Im Zentrum des Ansatzes steht *„das unternehmerische Wohlergehen, welches nicht nur von den Anliegen und Ansprüchen der Aktionäre, sondern von weiteren

---

[97] Lies (o.A.). Verfügbar unter: http://wirtschaftslexikon.gabler.de/Archiv/1097117092/diversity-management-v1.html [13.02.2016, 15:30 Uhr].
[98] Ebd. [13.02.2016, 15:33 Uhr].
[99] Vgl. Ebd. [13.02.2016, 15:46 Uhr].
[100] Vgl. Seyfriedt (o.A.). Verfügbar unter: http://wirtschaftslexikon.gabler.de/Archiv/54861/stakeholder-ansatz-v6.html [13.02.2016, 17:30 Uhr].

Interessensgruppen abhängt und dadurch weitreichende Anknüpfungspunkte an den CSR-Gedanken aufweist"[101].

---

[101] Etter/Fieseler (2011). S. 270.

3. CSR IM SPORT

Wie bereits in Kapitel 2 verdeutlicht ist das Corporate Social Responsibility-Konzept auf unterschiedlichen Ebenen zu verstehen und zu implementieren, wobei die Unternehmen an sich und ihre Stakeholder Hand in Hand arbeiten müssen um die Maßnahmen umsetzen zu können und erfolgreich werden zu lassen. Da es sich bei den meisten Sportvereinen in Deutschland, vor allem im Profibereich, längst nicht mehr um eingetragene Vereine, sondern um GmbHs, AGs etc. und somit um gewinnorientierte Unternehmen handelt, bedarf es einer genaueren Betrachtung dieser. Zumal wie bereits eingangs erwähnt der Sport als Unternehmensgrundlage, wie dies bei den Profivereinen der ersten und zweiten Deutschen Fußball-Bundesliga der Fall ist, bisher nicht explizit in die Diskussion um gesellschaftliche Verantwortung aufgenommen wurde.

Zielsetzung dieses Kapitels ist die Verbindung des bisher im Allgemeinen beschriebenen CSR-Konzeptes mit der Welt des Sports. Um die Stellung des Sports in Europa in Verbindung mit Corporate Social Responsibility herauszustellen wird nachstehend beispielhaft das ‚Weissbuch des Sports' der Kommission der Europäischen Gemeinschaften aus dem Jahr 2007 herangezogen.

3.1. KOMMISSION DER EUROPÄISCHEN GEMEINSCHAFTEN – ‚WEISSBUCH DES SPORTS'

Bevor die gesellschaftliche Relevanz des Sports herausgearbeitet werden kann, wird zunächst der Begriff des Sports näher erläutert. Unter Sport wird folgendes per Definition des Europarates verstanden: *„jegliche Form körperlicher Ertüchtigung, die innerhalb oder außerhalb von Vereinen betrieben wird, um die körperliche und seelische Verfassung zu verbessern, zwischenmenschliche Beziehungen zu entwickeln oder ergebnisorientierte Wettkämpfe auf allen Ebenen zu bestreiten"*[102].

2007 betonte die Kommission die anhaltende wachsende Bedeutung des Sports für die europäischen Gesellschaften sowie die Wirtschaft. Gerade in der Gesellschaft, egal ob aktiv oder als Zuschauer, trägt er zur Ausdifferenzierung von

---

[102] Kommission der Europäischen Gemeinschaften. S. 2 (Fußnote). Verfügbar unter: http://eur-lex.europa.eu/legal-content/DE/TXT/PDF/?uri=CELEX:52007DC0391&from=DE [13.02.2016, 17:48 Uhr].

Persönlichkeitsmerkmalen bei, verinnerlicht bei den Zuschauern und Sportlern das System des Fair-Plays, welches nicht nur in den Sportstätten praktiziert werden soll. Er fördert die Toleranz, ruft zu Vielfältigkeit auf und fördert die Beteiligung jedes einzelnen EU-Bürgers an der Gesellschaft per se. Dennoch ist dies nur die eine Seite der Medaille. Der Sport muss sich auch unangenehmen Herausforderungen und Themen stellen,[103] „*wie wirtschaftlichen Zwängen, Ausbeutung junger Sportler, Doping, Rassismus, Gewalt, Korruption und Geldwäsche*"[104].

Grundlegend für die Erklärung der Kommission 2007 ist u.a. die ‚Erklärung von Nizza' aus dem Jahr 2000, welche die gesellschaftliche Verantwortung und die Entwicklung des Sports, unter Bezugnahme der europäischen Belange, bei den einzelnen Verbänden und Organisationen sieht. Diese haben dafür Sorge zu tragen, dass unter kulturellen, sozialen, ethischen, erzieherischen und solidarischen Gesichtspunkten die Interessen im Fortschritt des Sports liegen.[105]

Im nachfolgenden werden die zwei Dimensionen des ‚Weissbuchs': die gesellschaftliche und die wirtschaftliche Rolle des Sports zusammenfassend sowie die Organisationsstruktur des Sports näher erläutert.

3.1.1. DIE GESELLSCHAFTLICHE ROLLE DES SPORTS

Wichtige Punkte der gesellschaftlichen Rolle des Sports, welche die Kommission anspricht, sind die des Ehrenamtes und der Mitgliedschaft in Sportvereinen, die u.a. dazu beitragen können Kriminalitätsraten zu senken. „*Die Mitgliedschaft in einer Mannschaft, Grundsätze wie Fairness, Einhaltung von Spielregeln, Respekt für andere, Solidarität und Disziplin sowie die Organisation des Amateursports auf der Grundlage gemeinnütziger Vereine und ehrenamtlicher Tätigkeiten stärken die aktive Bürgerschaft*"[106]. Zudem ist das Ehrenamt für junge Menschen eine gute Möglichkeit, sich an der Gesellschaft zu beteiligen.[107]

---

[103] Vgl. Kommission der Europäischen Gemeinschaften. S. 2. Verfügbar unter: http://eur-lex.europa.eu/legal-content/DE/TXT/PDF/?uri=CELEX:52007DC0391&from=DE [13.02.2016, 17:54 Uhr].
[104] Ebd.. S. 2. [13.02.2016, 18:00 Uhr].
[105] Vgl. Ebd. S.2f. [13.02.2016, 18:22 Uhr].
[106] Ebd. S. 8. [13.02.2016, 18:25 Uhr].
[107] Vgl. Ebd. S.8. [13.02.2016, 18:37 Uhr].

Ein weiterer immanenter Aspekt des Sports ist, wie bereits erwähnt, die Möglichkeit der Inklusion von unterrepräsentierten Bevölkerungsgruppen. Gemeint sind Menschen mit körperlichen Behinderungen und deren Angehörige genauso wie die Integration bspw. von Migranten in die Gesellschaft, um ihnen den Zugang zu dieser zu erleichtern.
Die soziale Integration muss dabei auch von der Politik und Wirtschaft unterstützt werden, damit dies gelingt.[108]

Ein unschönes Thema, welches vor allem im Bereich des Fußballs immer wieder auftaucht, ist das von Gewalt und Rassismus. *„Gewalt bei Sportveranstaltungen, insbesondere in Fußballstadien, ist auch weiterhin ein großes Problem und kann verschiedene Formen annehmen. Die Gewalt verlagert sich zunehmend von den Stadien nach außerhalb, auch in städtische Gebiete. Die Kommission setzt sich für die Vermeidung solcher Vorfälle ein, indem sie den Dialog zwischen den Mitgliedstaaten, internationalen Organisationen, Sportorganisationen, Strafverfolgungsbehörden und sonstigen Akteuren (z.B. Fanclubs und lokalen Behörden) fördert und unterstützt. [sic.]"*[109]

Die Kommission führt auch an, dass die Pflege von Sportstätten ebenso ein Teil der gesellschaftlichen Rolle des Sports ist. Insbesondere spricht sie das Management an, welches umweltverträglich geführt werden muss.[110] Obwohl dieser Bereich hier in die gesellschaftliche Dimension fällt zeigt es, dass die einzelnen Säulen von CSR kooperieren, da es sich gleichzeitig um einen ökologischen und ökonomischen Aspekt handelt.

Weitere Themengebiete der gesellschaftlichen Rolle des Sports nach der Kommission der Europäischen Gemeinschaften sind: Verbesserung der öffentlichen Gesundheit durch körperliche Aktivität, Doping, Bedeutung des Sports in der allgemeinen und beruflichen Bildung sowie die Förderung der europäischen Werte in anderen Teilen der Welt.[111]

---

[108] Vgl. Kommission der Europäischen Gemeinschaften. S. 8f. Verfügbar unter: http://eur-lex.europa.eu/legal-content/DE/TXT/PDF/?uri=CELEX:52007DC0391&from=DE [13.02.2016, 18:37 Uhr].
[109] Ebd. S. 8f. [13.02.2016, 18:45Uhr].
[110] Vgl. Ebd. S. 8f. [13.02.2016, 19:02 Uhr].
[111] Vgl. Ebd. S.3-11. [13.02.2016, 19:07 Uhr].

3.1.2. DIE WIRTSCHAFTLICHE ROLLE DES SPORT

Die wirtschaftliche Rolle des Sports ist nicht nur auf die Generierung von Umsatz in den Unternehmen selbst beschränkt. Sie tragen bspw. dazu bei, dass der Tourismus in den Regionen angekurbelt wird, die Infrastruktur modernisiert und sich ebenso ländliche Regionen wie Städte weiterentwickeln. Durch Erfolge entstehen Kooperationen mit anderen Unternehmen, wodurch u.a. neue Sportanlagen entstehen.[112]

Weitere Bereiche der wirtschaftlichen Rolle des Sports sind: evidenzbasierte Sportpolitik (Vergleichbarkeit von statistischen Daten europaweit) und die Absicherung der öffentlichen Unterstützung.[113]

3.1.3. DIE ORGANISATION DES SPORTS[114]

Für das Themengebiet dieser Bakkalaureatsarbeit sind insbesondere die folgenden relevant: Transfers, Spieleragenten, Schutz von Minderjährigen, Korruption, Lizenzvergabe und die Medien.

Die Transferregeln sind vor allem auch im Bereich des Profifußballs immanent. Gäbe es keine Regeln, würden Vereine Spieler nur kaufen um ihre Rivalen für eine Saison zu schwächen und diese auszustechen. Daher unterliegen den Transfers bestimmte Regeln, um den Wettbewerb in Europa fair zu gestalten. Ein schwieriger und kaum nachvollziehbarer Aspekt sind die Geldströme, welche zwischen den Beteiligten hin und her fließen. Obwohl die Kommission dafür ist die Verantwortung der Transfersummen bei den Beteiligten zulassen, wäre sie dennoch für die Einführung von Steuerungssystemen damit diese transparenter gestalte werden. Die Organisation eines solchen Systems könnte national (je Staat) erfolgen, wäre aber dennoch an EU-Recht gebunden.[115]

Ein weiterer Bestandteil des organisatorischen Aspekts, vor allem im Profibereich, sind die Spieleragenten. Ihre Tätigkeit hat *„durch die Entwicklung eines wirklichen europäischen Spielermarktes und den starken Anstieg der Spielergehälter in*

---

[112] Vgl. Kommission der Europäischen Gemeinschaften. S. 11f. Verfügbar unter: http://eur-lex.europa.eu/legal-content/DE/TXT/PDF/?uri=CELEX:52007DC0391&from=DE [13.02.2016, 19:12 Uhr].
[113] Vgl. Ebd. S. 12f. [13.02.2016, 19:20 Uhr].
[114] Ebd: S. 13. [13.02.2016, 19:24 Uhr].
[115] Vgl. Ebd. S. 16f. [13.02.2016, 19:36 Uhr].

einigen Sportarten"[116] deutlich zugenommen. Sie stehen den Spielern bspw. bei Vertragsverhandlungen beratend zur Seite. Dennoch hat der Ruf durch einige inkorrekte Beratungen und Verhaltensweisen (Korruption, Geldwäsche, Ausbeutung) vor allem bei jungen Spielern, gelitten. Eine EU-weite Gesetzesrichtlinie für Spieleragenten gibt es bis dato nicht, daher handeln sie immer noch nach den Rechtsvorschriften ihres Staates.[117]

Das dritte Themengebiet umfasst den Schutz von Minderjährigen. Diese werden oftmals in für sie fremden Ländern alleine gelassen, wodurch sie in die Illegalität abrutschen und vor weiteren Ausbeutungen nicht geschützt werden können. Die Kommission versucht durch den Jugendarbeitsschutz diesem entgegenzuwirken, da es sich hierbei auch um eine Grauzone im Bereich des Menschenhandels handelt.[118] Weitere Themen, welche negativ auf den Sport einwirken, sind die der Korruption, der Geldwäsche und sonstiger Formen der Finanzkriminalität. Diese negativen Dimensionen müssen auf jeder möglichen Ebene bekämpft werden.[119]

Die Profivereine in Europa unterliegen in jedem Jahr aufs Neue einem System der Lizenzvergabe. Dessen Grundgedanke ist es, jedem Verein dieselbe Chance zu ermöglichen, um am Wettbewerb teilzunehmen. Besonders wichtig sind die Regeln des Finanzmanagements und der Transparenz. Der Bereich der Lizenzvergabe versucht anhand dessen bspw. dem Schutz von Minderjährigen im Profisport gerecht zu werden.[120]

Zuletzt sind auch die Medien ein wichtiger Faktor des Finanzmanagements der europäischen Vereine, da die Fernsehrechte eine tragende Rolle in der Finanzierung spielen. Aber auch für die Medien sind die Rechte an Sportveranstaltungen ein wichtiger Wirtschaftsfaktor.[121/122]

---

[116] Kommission der Europäischen Gemeinschaften. S. 17. [13.02.2016, 19:42 Uhr].
[117] Vgl. Ebd. S. 17. [13.02.2016, 19:58 Uhr].
[118] Vgl. Ebd. S. 17. [13.02.2016, 20:16 Uhr].
[119] Vgl. Ebd. S. 17. [13.02.2016, 20:21 Uhr].
[120] Vgl. Ebd. S. 17. [13.02.2016, 20:24 Uhr].
[121] Vgl. Ebd. S. 17. [13.02.2016, 20:27 Uhr].
[122] siehe dazu Kapitel 5., S. 45ff.

4. DER DEUTSCHE FUßBALL-BUND

Die bisherigen Kapitel dieser Bakkalaureatsarbeit haben sich mit dem allgemeinen Begriffsverständnis von Corporate Social Responsibility sowie mit den einzelnen Bestandteilen und Instrumenten auseinandergesetzt. Ebenso wurden die Hintergründe erläutert, aus welchen Antrieben heraus CSR betrieben und auf welchen Wegen implementiert und institutionalisiert wird. Die zwei nachstehenden Kapitel werden darauf aufbauen und sich mit Corporate Social Responsibility im Speziellen beschäftigen. Zunächst anhand der Institutionen des Deutschen Fußball-Bundes (DFB). Im Folgenden setzt sich dieser Abschnitt mit der Organisationsstruktur des DFBs und seiner Unterorganisationen auseinander.

4.1. DER HISTORISCHE KONTEXT

Gegründet wurde der Deutsche Fußball-Bund im Jahr 1900 in Leipzig, rund 20 Jahre nachdem die ersten Regeln für das Spiel, 1874 von Konrad Koch, festgesetzt wurden.[123] Die wichtigsten Meilensteine waren 1903 die Einführung der Deutschen Meisterschaft, 1908 die Gründung der Nationalmannschaft sowie die Einführung der ersten Landes- und Regionalverbände. 20 Jahre nach der Gründung der ersten Ligen und des Fußball-Bundes war das Spiel mit dem runden Leder die Volkssportart Nummer eins. Auch während der NS-Zeit bestand der Fußball-Bund fort, indem er in den ‚Reichsbund für Leibesübungen' integriert und in das ‚Fachamt Fußball' umbenannt wurde. Bereits kurz nach dem Kriegsende 1945 wurde wieder im Ligabetrieb gespielt, doch ohne den Deutschen Fußball-Bund an seiner Spitze. Dieser wurde erst 1949, in Stuttgart, wieder ins Leben gerufen und ein Jahr später auch von der FIFA wieder aufgenommen. Somit fanden auch wieder Länderspiele statt. Seit der Wiedervereinigung 1990 agiert der Deutsche Fußball-Bund wieder als Oberhaupt in West- und Ostdeutschland. Mit der Einführung der Deutschen Fußball-Bundesliga 1963 begann die Ära des Profifußballs in Deutschland, welche bis heute anhält und wohl noch lange fortwähren wird.[124]

---

[123] Zum ersten Vorsitzenden wurde Prof. Dr. Ferdinand Hueppe ernannt.
[124] Vgl. Deutscher Fußball-Bund (2015, a). Verfügbar unter: http://www.dfb.de/index.php?id=1000518 [14.02.2016, 09:00 Uhr].

4.2. DIE ORGANISATIONSSTRUKTUR

Der Deutsche Fußball-Bund ist anhand der folgenden zentralen Gremien organisiert:

Abbildung 4: Zentrale Gremien des Deutschen Fußball-Bundes (DFB)[125]

Die Gremien (Präsidium, Vorstand, Bundestag) zählen insgesamt 259 Delegierte. Der Bundestag ist das höchste Gremium und repräsentiert die Legislative (Beschluss von Satzungen und Ordnungen) des DFB. Die Exekutive wird vom Präsidium geleitet und ausgeführt, hierbei handelt es sich nach der Satzung vor allem um das laufende Geschäft. Der Vorstand ist das beratene Organ des Präsidiums und deren Mitglieder und ist u.a. für die Berichte der jeweiligen Ausschüsse und Revisoren zuständig. Diesem unterstellt sind rund 26 Fachausschüsse und -Kommissionen, welche sich um die operative Arbeit kümmern. In diesen arbeiten Experten sämtlicher Mitgliedsverbände zusammen. Ihnen zur Seite stehen die Stiftungen des DFBs und des DFLs.[126] In der folgenden Abbildung sind die zentralen Akteure vom DFB und der DFL aufgezeigt, ebenso deren Stiftungen[127].

---

[125] Deutscher Fußball-Bund (o.A.,a). S.6 Verfügbar unter: http://www.dfb.de/fileadmin/_dfbdam/52230-Broschuere_-_Auf_dem_Weg_zur_Nachhaltigkeit.pdf [14.02.2016, 09:15 Uhr].
[126] Ebd. [14.02.2016, 09:20 Uhr]
[127] auf diese kann in Folgen nicht näher eingegangen werden.

Abbildung 5: Zentrale Akteure des Deutschen Fußball-Bundes (DFB)[128]

4.3. CSR-VERSTÄNDNIS

Wie eingangs bereits erwähnt hat der Deutsche Fußball-Bund aus seiner Position heraus eine Vorbildfunktion gegenüber den Vereinen in Deutschland einzunehmen. Dies gilt auch und vielleicht gerade für einen Bereich, wie den der gesellschaftlichen Verantwortung.

Dr. Theo Zwanziger (ehemaliger DFB-Präsident) sagte im Jahr 2010, dass *„die kommerzielle Seite des Profifußballs und die Gemeinnützigkeit kein Widerspruch sind. Sie bedingen einander [sic.]"*[129]. Nach seiner Aussage vollzieht sich die gesellschaftliche Verantwortung beim Deutschen Fußball-Bund in vier Dimensionen:[130]

1. *„Die Organisation und zukunftsfähige Ausrichtung des Spielbetriebs für unsere 26.000 Vereine mit ihren 177.000 Mannschaften und insgesamt 6,75 Millionen Mitgliedern sowie die DFB-Talentförderung.*
2. *Die Rolle des Fußballs als wertorientierter Sport auf der Basis des Fairplay und des ehrenamtlichen Engagements.*
3. *Die gesellschaftspolitische Arbeit des Fußballs, vor allem durch die DFB-Stiftung Sepp Herberger, die DFB-Kulturstiftung und die Bundesliga-Stiftung.*
4. *Das karitative Engagement, unter anderem als ein Schwerpunkt der DFB-Stiftung Egidius Braun."*[131]

---

[128] Deutscher Fußball-Bund (o.A.,a). S.6 Verfügbar unter: http://www.dfb.de/fileadmin/_dfbdam/52230-Broschuere_-_Auf_dem_Weg_zur_Nachhaltigkeit.pdf [14.02.2016, 09:22Uhr].
[129] Deutscher Fußball-Bund (o.A.,a). S. 2. Verfügbar unter: http://www.dfb.de/fileadmin/_dfbdam/52230-Broschuere_-_Auf_dem_Weg_zur_Nachhaltigkeit.pdf [14.02.2016, 09:30 Uhr].
[130] Vgl. Ebd. S. 2 [14.02.2016, 09:34 Uhr].
[131] Ebd. S. 2. [14.02.2016, 09:37 Uhr].

Des Weiteren betont der DFB die integrative Kraft des Fußballs, indem dieser an den Wochenenden in Deutschland rund 80.000 Spiele auf Amateur- und Profiebene ausrichtet und somit kaum ein Ort in Deutschland ohne Fußballplatz existiert. Ergebnis ist, dass der Fußball es schafft Menschen aus sämtlichen Schichten zusammen zu bringen, egal ob es der kleine Dorfverein ist oder die Stadien der Profiteams. Daraus resultieren u.a. die Kraft und die Stärke des sozialen Engagements sowie der gesellschaftlichen Verantwortung insgesamt.[132] Was Nachhaltigkeit und somit gesellschaftliche Verantwortung für den DFB im Speziellen bedeutet wurde im Leitbild des Unternehmens festgelegt: *„Den Fußball als nachhaltig verstehen heißt, seine vielfältigen Potenziale verantwortungsvoll auch für eine gerechte Gesellschaft und eine intakte Umwelt zu nutzen. So wird der Breiten- und Spitzenfußball gesichert und leistet gleichzeitig einen Beitrag zur Erhaltung und Stärkung der demokratischen, ökologischen und ethischen Grundlage einer freiheitlichen Gesellschaft.*

Nachhaltigkeit bedeutet daher an allererster Stelle, den Fußball dauerhaft tragfähig und erfolgreich zu organisieren."[133]

Es muss hier festgehalten werden, dass es dem DFB in erster Linie bei dem Thema Nachhaltigkeit um den Erhalt des Fußballs an sich geht.[134] Des Weiteren ist zu beachten, dass die Thematik erst seit kurzem, 2013, durch den ‚Nachhaltigkeitsbericht', kommuniziert wird.[135/136] Dieser beinhaltet Themen wie das Miteinander, Gesundheit und Umwelt.[137]

Die gesellschaftliche Verantwortung im Bereich der Corporate Social Responsibility ist auch ein Thema in den Kommissionen des DFBs, genauer gesagt in zwei der 26 Fachausschüsse und -Kommissionen: ‚gesellschaftliche Verantwortung' und ‚Sportstätten und Umwelt'.[138] Auf diese wird im folgenden Abschnitt eingegangen.

---

[132] Vgl. Ebd. S. 10. [14.02.2016, 09:45 Uhr].
[133] Deutscher Fußball-Bund (2015,a). Verfügbar unter: http://www.dfb.de/news/detail/dfb-von-a-bis-z-n-wie-nachhaltigkeit-120009/ [14.02.2016, 10:05 Uhr].
[134] Vgl. Ebd. [14.02.2016, 10:10 Uhr].
[135] Vgl. Ebd. [14.02.2016, 10:17 Uhr].
[136] Seit dem ersten Bericht aus dem Jahr 2013 wurde kein neuer mehr vorgelegt.
[137] Vgl. Deutscher Fußball-Bund (2015, b). Verfügbar unter: http://www.dfb.de/fileadmin/_dfbdam/52226-DFB-Nachhaltigkeitsbericht_2013.pdf [14.02.2016, 11:30 Uhr].
[138] Vgl. Deutscher Fußball-Bund (o.A.,b). Verfügbar unter: http://www.dfb.de/nachhaltigkeitsmanagement/gremien/ [14.02.2016, 11:33 Uhr].

4.3.1. DIE KOMMISSIONEN FÜR ‚GESELLSCHAFTLICHE VERANTWORTUNG' UND ‚SPORTSTÄTTEN UND UMWELT'

„*Die Kommission ‚Gesellschaftliche Verantwortung' als neutrales Beratungs- und Empfehlungsgremium unterstützt den DFB bei sämtlichen Fragen zum nachhaltigen Handeln.*"[139] Damit die thematische Vielfalt in den Kommissionen gewahrt werden kann, kommen die Mitglieder aus den unterschiedlichsten Bereichen zusammen und agieren aus diversen Arbeitsgruppen heraus. Die Experten werden zudem von Vertretern der Landesverbände unterstützt, damit die herausgearbeiteten Maßnahmen auf ihre Umsetzbarkeit hin geprüft und direkt eingesetzt werden können. Die Arbeitsgruppen der beiden Kommissionen für ‚gesellschaftliche Verantwortung' und ‚Sportstätten und Umwelt' setzen sich mit den folgenden Schwerpunkten auseinander: Vielfalt, Fair Play & Gewaltprävention, Umwelt, Kunststoffrasen, Rasen sowie Sportplatzbau.[140]

4.3.2. EIN AUSBLICK

Der Deutsche Fußball-Bund wird auch in den kommenden Jahren an den Kommissionen und Arbeitsgemeinschaften zum Thema Nachhaltigkeit und gesellschaftliche Verantwortung festhalten. Nicht zuletzt, weil Fußball auch in den folgenden Jahren nicht an Beliebtheit abnehmen und somit ein immanenter Teil des gesellschaftlichen Lebens bleiben wird. Dabei sollen in den Gremien die unterschiedlichsten Wege und Möglichkeiten geprüft werden, wie der Deutschen Fußball-Liga auch weiterhin dieser Verantwortung gerecht wird.[141]

Welche Bedeutung die erste und zweite Fußball-Bundesliga in der Gesellschaft und der Wirtschaft in Deutschland einnimmt, und somit auch theoretisch in dem Bereich der gesellschaftlichen Verantwortung, wird in Kapitel 5 u.a. anhand des Bundesliga Reports 2016 der DFL thematisiert.

---

[139] Ebd. [14.02.2016, 11:35 Uhr].
[140] Vgl. Ebd. [14.02.2016, 11:38 Uhr].
[141] Vgl. Deutscher Fußball-Bund (o.A, c). Verfügbar unter: http://www.dfb.de/nachhaltigkeitsmanagement/start/ [14.02.2016, 11:40 Uhr].

5. DIE DEUTSCHEN FUßBALL-BUNDESLIGEN

Der Bundesliga-Report wird jährlich von der Deutschen Fußball-Liga (DFL) herausgegeben und zeigt die wirtschaftliche Situation der beiden deutschen Profiligen auf. Aus diesem Kontext heraus lässt sich für diese Arbeit ableiten, warum die Vereine bzw. Unternehmen ein immanenter Wirtschaftsfaktor in ihren Regionen und auf Bundesebene sind und wieso diese sich vor der Implementierung und der Diskussion um Corporate Social Responsibility nicht zieren sollten. Ganz im Gegenteil. In diesem Kapitel werden nachstehend Zahlen und Fakten aus der Saison 2014/2015, sowohl von der ersten als auch der zweiten Deutschen Fußball-Bundesliga, herangezogen.

5.1. ERSTE DEUTSCHE FUßBALL-BUNDESLIGA

In der Saison 2014/2015 wurde in der ersten Deutschen Fußball-Bundesliga ein Gewinn von 2,62 Milliarden Euro generiert. Und die Fans tragen einen großen Anteil zum Erfolg bei. Der Gesamterlös setzt sich aus sechs Positionen zusammen, welche gleichzeitig die Einnahmequellen der ersten Deutschen Fußball-Bundesliga aufzeigen. Der größte Umsatzerlös[142] wird durch die mediale Verwertung generiert und brachte insgesamt 731.130 Euro ein. An zweiter Stelle stehen die Werbeerlöse, welche einen Anteil von 672.655 Euro am Gesamterlös haben. Die Einnahmen der Spieltage tragen einen Beitrag von gesamt 520.624 Euro bei. Weitere Einnahmen werden durch Transfers, das Merchandising und sonstige Positionen generiert.[143]

Wie sieht es mit der Begeisterung für den Profifußball für die erste Deutsche Fußball-Bundesliga aus Sicht der Gesellschaft aus? In der Saison 2014/2015 waren im Schnitt 42.685 Zuschauer pro Spiel in den Stadien der Republik. Und dies ist nicht der einzige Grund: Die Deutsche Fußball-Bundesliga hat im weltweiten Vergleich mit die meisten Zuschauer und dies nicht ohne Grund. Einer ist mit Sicherheit die hohe Torquote, denn es fallen in den 18 Erstliga-Stadien im Schnitt 2,75 Tore pro Spiel. Dies ist im europäischen Vergleich ein Spitzenwert.[144/145]

---

[142] Alle Umsatzerlöse werden in Tausend Euro angegeben.
[143] Vgl. Die Deutsche Fußball-Liga (o.A.,a). S. 16. Verfügbar unter: http://s.bundesliga.de/assets/doc/1070000/1066689_original.pdf [21.02.2016, 09:42 Uhr].
[144] Vgl. Ebd. Die Saison 2014/2015 auf einen Blick. [21.02.2016, 09:45 Uhr].
[145] siehe Abbildung 6, S. 46.

Die nachfolgende Abbildung zeigt die Anteile der sechs Umsatz-Positionen in Prozent auf:

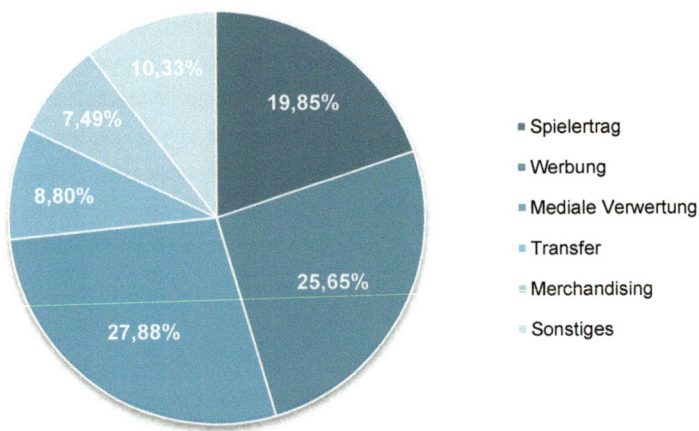

Abbildung 6: Anteile der Umsätze in der ersten Fußball-Bundesliga (Eigene Darstellung)[146]

5.2. ZWEITE DEUTSCHE FUßBALL-BUNDESLIGA

Wenn auch nicht genauso umsatzstark wie die erste Bundesliga, ist auch der Umsatz aus der zweiten Liga deutlich positiv. Mit einer Bilanzsumme von 338,4 Millionen Euro steht auch diese Liga finanziell gut dar, obwohl sie einer höheren Volatilität (durch die Auf- und Abstiege) ausgesetzt ist als die erste Fußball-Bundesliga. Die wirtschaftlichen Kennzahlen sind ebenso in sechs Positionen unterteilt, welche jedoch eine andere Gewichtung haben. Der größte Erlös am Gesamtumsatz wird hier mit 151.476 Euro durch Werbung generiert, während die mediale Verwertung mit 140.945 Euro nur knapp dahinter liegt.[147] Die drittstärkste Position nimmt der Spielertrag ein. Dieser belief sich auf einen Umsatzanteil von 90.849 Euro in der Saison 2014/2015. Die Positionen Transfer, Merchandising und sonstiges belegen auch hier die hinteren Plätze.[148] Nicht nur in der ersten Fußball-Bundesliga strömten die Fans in die Stadien.

---

[146] Vgl. Die Deutsche Fußball-Liga (o.A.,a). S. 26. Verfügbar unter: http://s.bundesliga.de/assets/doc/1070000/1066689_original.pdf [21.02.2016, 09:52 Uhr].
[147] Siehe Abbildung 7, S. 47.
[148] Vgl. Ebd. S. 34. [21.02.2016, 10:11 Uhr].

Auch die Zuschauerzahlen aus der zweiten Liga können sich sehen lassen. So kamen im Durchschnitt über 17.000 Fans pro Spiel in die Stadien.[149]

Die nachfolgende Abbildung zeigt die Anteile der sechs Umsatz-Positionen in Prozent auf:

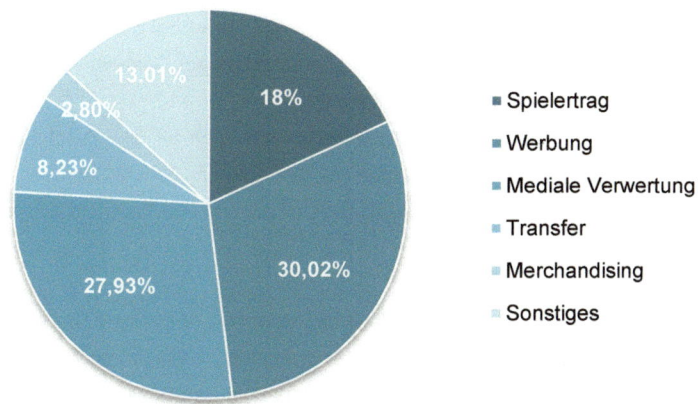

Abbildung 7: Anteile der Umsätze in der zweiten Fußball-Bundesliga (Eigene Darstellung)[150]

---

[149] Vgl. Ebd. S. 48. [21.02.2016, 10:18 Uhr].
[150] Vgl. Die Deutsche Fußball-Liga (o.A.,a). S. 34. Verfügbar unter: http://s.bundesliga.de/assets/doc/1070000/1066689_original.pdf [21.02.2016, 10:22 Uhr].

5.3. DIE GEMEINSCHAFT DER 36 LIZENZVEREINE

In der Saison 2014/2015 waren über 500.000 Menschen in beiden Ligen angestellt, wobei knapp über 400 Vollzeit beschäftigt waren. Dies ist u.a. möglich, weil 27 der 36 Profi-Vereine einen Gewinn nach Steuern verbucht haben[151] und die Bilanzsumme sich insgesamt auf 2,84 Milliarden Euro belief[152]. Der Umsatz der beiden Ligen stieg ebenfalls um 7,7 Prozent gegenüber der Saison 2013/2014 an und beläuft sich auf über drei Milliarden Euro, wobei die erste Fußball-Bundesliga mit 83,86 Prozent den deutlich höheren Anteil am Gesamterlös hat, als die zweite Fußball-Bundesliga mit 16,14 Prozent.[153]

Die Beliebtheit des Profifußballs zeigt sich auch an den Zuschauerzahlen in den Stadien: Insgesamt besuchten in der Saison 2014/2015 über 18,5 Millionen Menschen die Spiele, wobei im Durchschnitt 30.000 Fans pro Spiel in den Stadien anwesend waren.[154]

Diese Kennzahlen zeigen eindeutig, welchen eminenten Stellenwert sowohl die erste als auch die zweite Deutsche Fußball-Bundesliga in der Wirtschaft aber auch in der Gesellschaft einnehmen. Daher ist es umso fragwürdiger, dass die Institutionen und Vereine, vor allem in Anbetracht der Umsatzzahlen bisher, in kaum einer Diskussion im Bereich CSR aufgenommen wurden. Inwiefern die 36 Fußballvereine CSR betreiben und dieses kommunizieren wird im nachstehenden Kapitel 6 analysiert.

---

[151] Vgl. Ebd. Die Saison 2014/2015 auf einen Blick. [21.02.2016, 10:30 Uhr].
[152] Vgl. End. S. 41. [21.02.2016, 10:34 Uhr].
[153] Vgl. Ebd. S. 42. [21.02.2016, 10:47 Uhr].
[154] Vgl. Ebd. S. 45. [21.02.2016, 10:50 Uhr].

6. ANALYSE DER VEREINSWEBSEITEN DER ERSTEN UND ZWEITEN DEUTSCHEN FUßBALL-BUNDESLIGA

In dieser Bakkalaureatsarbeit wurde bisher gezeigt, welchen Stellenwert die Corporate Social Responsibility-Thematik in der Wirtschaft und Gesellschaft in Deutschland und Europa im 21. Jahrhundert einnimmt. Es wurde aufgezeigt, wie wichtig das Thema ist und in Zukunft sein wird und auch, dass der Deutsche Profifußball sich bereits auf der Instanz des Deutschen Fußball-Bundes mit dieser Thematik u.a. im ‚Nachhaltigkeitsreport' auseinandersetzt. Die Frage ist nun, ob die Vereine der ersten und zweiten Deutschen Fußball-Bundesliga[155] CSR im Sportmanagement implementiert haben oder nicht? Diese und weitere Fragen werden im Folgenden anhand einer Inhaltsanalyse der 36 Vereins-Webseiten untersucht.[156]

Die Webseiten-Analyse der Vereine wurde im April 2016 durchgeführt.[157]

6.1. DIE METHODE

Die Inhaltsanalyse bezieht sich auf die 36 Vereine der ersten und zweiten Deutschen Fußball-Bundesligen, wobei die Untersuchung zunächst getrennt vorgenommen, pro Fußball-Liga, und dann in einem dritten Abschnitt miteinander verglichen wird. Die Untersuchung der Webseiten erfolgt in alphabetischer Reihenfolge.

---

[155] Untersucht werden die Vereine, welche sich für die Saison 2015/2016 in der ersten bzw. zweiten Deutschen Fußball-Liga qualifiziert haben.
[156] Natürlich ist dem Autor dieser Arbeit bewusst, dass nicht nur anhand der Webseiten zu 100 Prozent festgelegt werden kann, ob die Vereine CSR-Konzepte implementiert haben oder nicht, dazu müssten die Geschäftsberichte und sonstige Unterlagen aus allen Vereinen herangezogen werden. Dies ist jedoch nicht möglich, da bspw. GmbHs ihre Berichte nicht veröffentlichen müssen.
[157] Die Untersuchung bezieht sich auf die Saison 2014/2015, da die Saison 2015/2016 noch nicht zu Ende gespielt ist und noch keinerlei wirtschaftliche oder gesellschaftliche Kennzahlen für eine Analyse vorliegen.

6.1.1. DIE ABHÄNGIGE UND UNABHÄGIGEN VARIABLEN

Für die folgende Analyse und eine intersubjektive Forschung müssen neben der Kategorienbestimmung die Variablen benannt werden. Daher werden im Folgenden die Forschungsfrage und die Hypothese dieser Arbeit dargelegt.[158]

FF: Welcher Zusammenhang besteht zwischen dem Erfolg[159] der Fußball-Vereine und der Implementierung von Corporate Social Responsibility?

H: Umso erfolgreicher die Vereine sind, desto eher werden CSR-Maßnahmen implementiert.

Bei der abhängigen Variablen handelt es sich um die Implementierung und bei der unabhängigen Variable um den Erfolg.[160]

AV: Implementierung von CSR
UV: Erfolg

Bei der AV handelt es sich um eine dichotome Variable, da diese zunächst mit ja/nein beantwortet werden kann. Ist auf der eigenen Webseite der Vereine CSR als Thematik für die Nutzer zu finden? Die UV lässt sich in die Kategorien der Spielklasse, erste oder zweite Liga, und der Tabellensituation unterteilen.

6.1.2. DIE ANALYSEEINHEITEN/KATEGORIEN

Analysiert werden die Webseiten zunächst auf den Inhalt der Begriffe: Corporate Social Responsibility oder CSR und gesellschaftliche Verantwortung. Ist keiner dieser Begriffe auf der Webseite zu finden, wird dieser Verein aus der weiteren Untersuchung ausgeschlossen.[161] Sofern bei der Suche ein Treffer generiert wird, wird sodann die Thematik des Artikels in eines der Bereiche (Ökonomie, Ökologie, Soziales und Sonstiges[162]) zugeordnet. Des Weiteren wird nach dem CSR-Begriff in der Organisationsstruktur gesucht, um zu zeigen, ob Corporate Social

---

[158] Näheres dazu in Kapitel 1.3., S. 14f.
[159] Der Begriff ‚Erfolg' meint hier die Platzierung in der Tabelle und ob die Vereine in der ersten oder zweiten Fußball-Bundesliga spielen.
[160] Der Erfolg eines Fußball-Vereins in der Liga hängt nicht davon ab, ob dieser CSR implementiert hat.
[161] Im Anhang wird diese Begriffssuche anhand von Screenshots der einzelnen Webseiten, pro Verein, belegt.
[162] Allgemeine Themen, wie bspw. an einer CSR-Konferenz teilgenommen oder abgehalten.

Responsibility im Unternehmensmanagement implementiert wurde. Ebenso wird geschaut, ob die Nutzer der Webseiten die Möglichkeit haben Kontakt mit einem Mitarbeiter des Unternehmens aus dem CSR-Bereich aufzunehmen. Die Tabellensituation der jeweiligen Vereine, soll aufzeigen, ob derzeit ein Zusammenhang zwischen der Implementierung von CSR im Verein und der Tabellensituation existiert.

6.2. DAS CODEBUCH

6.2.1. FORMALE KRITERIEN

Kriterien	
Codierer	Rebecca Pfannenschmidt
Zeitraum – 1. Bundesliga[163]	22.08.2014 – 02.06.2015
Zeitraum – 2. Bundesliga[164]	01.08.2014 – 02.06.2015
Webseiten[165]	1 Erste Bundesliga 2 Zweite Bundesliga

Tabelle 3: Formale Kriterien der Inhaltsanalyse (Eigene Darstellung)

6.2.2. INHALTLICHE KRITERIEN

Kriterien[166]	
Corporate Social Responsibility	1 kommt vor 0 kommt nicht vor
CSR	1 kommt vor 0 kommt nicht vor
Gesellschaftliche Verantwortung	1 kommt vor 0 kommt nicht vor

Tabelle 4: Inhaltliche Kriterien der Inhaltsanalyse (Eigene Darstellung)

---

[163] Deutsche Fußball-Liga (o.A.,b). S. 1 und S. 12. Verfügbar unter: http://s.bundesliga.de/assets/doc/10000/519_original.pdf [05.03.2016, 11:00 Uhr]. Der Zeitraum beinhaltet sowohl die 34 Ligaspiele als auch das Hin- und Rückspiel der Relegation.
[164] Deutsche Fußball-Liga (o.A.,c). Verfügbar unter: http://s.bundesliga.de/assets/doc/10000/530_original.pdf [05.03.2016, 11:25 Uhr]. Der Zeitraum beinhaltet sowohl die 34 Ligaspiele als auch das Hin- und Rückspiel der Relegation.
[165] Alphabetische Reihung der 36 Webseiten innerhalb der einzelnen Ligen.
[166] Die Begriffe Corporate Social Responsibility, CSR und gesellschaftliche Verantwortung werden einzeln im Suchfeld der Webseite eingegeben.

6.2.3. DIE KATEGORIEN

Kategorien	
Ökonomische Themen[167]	1 Wertschöpfung 2 Ökonomische Eckdaten (Vermögens-, Bilanz- und Ertragsrate) 3 Produktmarketing 4 Regionalität 5 Liquiditätssicherung 6 Gewinn von Marktanteilen 7 Gewinn von Kunden 9 Sonstige 0 Kommt nicht von
Ökologische Themen[168]	1 Nutzung von natürlichen Ressourcen 2 Nutzung von natürlichen Rohstoffen 3 Verkehrswege 4 Sportplatzbau 5 Umweltschutz 9 Sonstige 0 Kommt nicht vor
Soziale Themen[169]	1 Kooperation mit Sponsoren 2 Kooperation mit Organisationen und/oder Unternehmen 3 Eigene Stiftungen und Fanprojekte 4 Menschenrechte 5 Arbeitsnormen 6 Integration und Inklusion 7 Gewalt und Rassismus Prävention 9 Sonstige 0 Kommt nicht vor
Organisationsstruktur	1 Kommt vor 0 Kommt nicht vor
Ansprechpartner	1 Kontaktpersonen 2 E-Mailadresse 3 Telefonnummer 9 Sonstiges 0 Kommt nicht vor
Tabellenplatz[170]	{1,...,18}

Tabelle 5: Die Kategorien der Inhaltsanalyse (Eigene Darstellung)

---

[167] siehe Kapitel 2.3.1., S. 23.
[168] siehe Kapitel 2.3.2, S. 23. (1-3), siehe Kapitel 4.3.1., S. 43. (4), siehe Kapitel 2.5. S. 26. (5)
[169] siehe Kapitel 2.7. S. 32ff. (1-3), siehe Kapitel 2.5. S. 26. (4-5), siehe Kapitel 3.1.1. S. 36f. (6-7).
[170] Um den Erfolg der einzelnen Mannschaften darzustellen, werden die Platzierungen der Teams, welche am Ende der Saison 2014/2015 erreicht wurden in das Codebuch aufgenommen. Ebenso wurde durch ein (A) vermerkt, welche Teams, durch Auf- und Abstiege, neu in den Ligen vertreten waren.

6.3. AUSWERTUNG

In dem letzten Abschnitt der Arbeit werden die Ergebnisse der Inhaltsanalyse der 36 Fußball-Bundesliga Vereine dargestellt. Die vorab gewählten Kategorien[171] nehmen Bezug auf die Definitionen und weiteren Erläuterungen, welche in dieser Arbeit aufgezeigt wurden.[172] Auf den Webseiten wurden die einzelnen Artikel den Unterkategorien zugeordnet, um die Häufigkeit der Themen bestimmen und eine Aussage darüber treffen zu können, in welchen Themengebieten Schwerpunkte gesetzt werden. Die weitere Auswertung setzt sich mit den Unternehmen an sich auseinander, indem geprüft wurde, ob CSR in den Organigrammen bzw. in der Organisationsstruktur der Vereine implementiert ist und ob die Nutzer Möglichkeiten haben sich mit dem Verein durch Ansprechpartner auszutauschen.

Die Analyse der Webseiten erfolgt zunächst in der ersten und dann in der zweiten Fußball-Bundesliga. Das letzte Kapitel dieses Abschnitts zeigt die Vereine auf, welche als gutes Beispiel für die Implementierung von Corporate Social Responsibility gelten.

6.3.1. ANALYSE DER ERSTEN DEUTSCHEN FUßBALL-BUNDESLIGA

Wie häufig wurden die Ausprägungen CSR und gesellschaftliche Verantwortung, sowie Corporate Social Responsibility per se, auf den Webseiten der Vereine als Suchergebnis aufgezeigt? Wie die Häufigkeitstabelle zeigt gab es von maximal 54 insgesamt 31 Treffer, wobei die ‚gesellschaftliche Verantwortung' als Suchbegriff die meisten Ergebnisse lieferte. An zweiter Stelle befindet sich die Abkürzung CSR und zuletzt die ausgeschriebene Variante.

Schreibweisen CSR	Häufigkeit
Corporate Social Responsibility	6
CSR	10
Gesellschaftliche Verantwortung	15
Gesamt	**31**

Tabelle 6: Häufigkeit der unterschiedlichen Schreibweisen von CSR (Eigene Darstellung)

---

[171] Siehe Kapitel 6.2.3., S. 51.
[172] Auf Grund des Umfangs konnte nicht auf jedes Charakteristikum von CSR eingegangen werden und somit wurden die ausgewählt, welche sich häufiger in den Definitionen etc. wiederfanden.

Wie sich hier bereits zeigt ist die Thematik für die 18 Vereine der ersten Fußball-Bundesliga keine unbekannte Komponente. Zudem ist an dieser Stelle anzumerken, dass nicht nur Ergebnisse aus dem Bereich Corporate Social Responsibility als solche von den Webseiten aufgezeigt wurden, sondern auch Artikel, welche entweder „gesellschaftliche oder Gesellschaft etc." sowie „Verantwortung" beinhalteten. Diese wurden zu einem späteren Zeitpunkt aus der Untersuchung ausgeschlossen, jedoch nicht aus der Analyse an sich.

Im zweiten Teil der Analyse wurden die einzelnen Themengebiete der gefundenen Artikel aus dem Zeitraum 22.08.2014 bis 01.06.2015 analysiert. Diese wurden anhand der Aufteilung des ‚magischen Dreiecks', in die Bereiche Ökonomie, Ökologie und Soziales, aufgeteilt. Der schwierigste Bereich, zu dem auch keine Themen, gefunden wurden war der Ökonomische. Hier fanden sich keinerlei Artikel zu den Unterthemen aus der Kategorie. Dies mag vor allem daran liegen, dass die Vereine als GmbHs etc. nicht dazu verpflichtet sind ihre Geschäftsberichte auf den Webseiten zu veröffentlichen.[173] Aus diesem Grund werden im Folgenden die Häufigkeiten der ökologischen sowie sozialen Themen dargelegt.[174] Die Untersuchung zeigt, dass in der oberen Tabellenhälfte (Platzierung 1-9) im Durchschnitt in der Saison 2014/2015 1,44 Themen aus dem Bereich kommuniziert wurden. In der unteren Tabellenhälfte (Platzierung 10-18) sind es im Schnitt 1,33 Themen. Dies zeigt, dass es keinen wesentlichen Unterschied darin gibt, auf welchem Tabellenplatz bzw. wie erfolgreich ein Verein ist, um CSR-Themen im Unternehmen zu implementieren. Insgesamt wurden aus den Bereichen der Ökologie und dem Sozialen 25 Beiträge kommuniziert.[175] Die ökologischen Themen, in dem untersuchten Zeitraum, bezogen sich auf den Bereich des Umweltschutzes und ausschließlich im Bereich der ‚sonstigen'. Der VfL Wolfsburg hat sich im Herbst 2014 für die Umwelt und die Menschen in der Region eingesetzt und die Initiative „pro Tor ein Baum" gegründet.[176] Bei dem zweiten Verein handelt es sich um den SV Werder Bremen, welcher im Mai 2015 einen Erlebnistag für

---

[173] Eine Möglichkeit für eine weiterführende Forschung in diesem Bereich wäre es die Geschäftsberichte bei den zuständigen Handelskammern anzufordern und dann zu analysieren. Dies ging jedoch über den Umfang dieser Arbeit hinaus.
[174] Des Weiteren wurden die Artikel ausgeschlossen, welche kein Datum hatten.[174]
[175] Weitere Erläuterungen sind den Tabellen 7 und 8 zu entnehmen, S. 53. Diese zeigen die Verteilung der einzelnen Themengebiete der Kategorien (Ökologie und Soziales) auf.
[176] Vgl. VfL Wolfsburg. Verfügbar unter: https://www.vfl-wolfsburg.de/info/soziales/umwelt/vfl-wald.html [26.03.2016, 15:08 Uhr].

Schüler über die Themen Nachhaltigkeit und Klimaschutz organisierte.[177] Dies zeigt, dass die ökologischen Themen zwar kommuniziert wurden aber in dem Zeitraum der Fokus nicht auf diesen lag. Bei den sozialen Themen waren die Vereine „aktiver". Insgesamt wurden innerhalb der Saison 2014/2015 22 Themengebiete behandelt. Die meisten Projekte, mit unterschiedlichen Schwerpunkten, wurden innerhalb der eigenen Stiftungen umgesetzt, wie bspw. von Borussia Dortmund „leuchte auf", VfL Wolfsburg „Wolfsburg United" oder SV Werder Bremen durch „Werder bewegt". Mit 10 Themengebieten ist die Unterkategorie der „Sonstigen" am häufigsten vertreten.

Diese beinhaltet sämtliche Inhalt von Lesestunde mit Fußballprofis[178], Aufklärung vom Missbrauch Drogen und Alkohol[179], Besuche von Kliniken und weiteren Einrichtungen[180] u.v.m.[181] Die zweite Unterkategorie, welche die Kooperation mit Unternehmen und Organisationen beinhaltet wurde acht Mal kommuniziert. Die Zusammenarbeit findet u.a. mit der Bundesliga-Stiftung oder Organisationen aus dem Gesundheitsbereich, wie bspw. DKMS statt.

---

[177] Vgl. SV Werder Bremen (21.05.2015). Verfügbar unter: http://www.werder.de/de/aktuell/news/werder-bewegt/201415/erlebnistagklimahaus/#c89686 [26.03.2016, 15:25 Uhr].
[178] Vgl. VfL Wolfsburg (21.11.2014). Verfügbar unter: https://www.vfl-wolfsburg.de/de/info/aktuelles/detailseite/artikel/geschichten-zum-leben-erwecken-35457.html [26.03.2016, 15:48 Uhr].
[179] Vgl. Hertha BSC Berlin (08.08.2014). Verfügbar unter: http://www.herthabsc.de/de/intern/nachspielzeit-niemeyer/page/5955--17-17--17.html [26.03.2016, 17:05 Uhr].
[180] Vgl. FC Schalke 04 (22.01.2015). Verfügbar unter: http://www.schalke04.de/de/aktuell/news/150122_spielerbesuche/page/5151--5151-213--213.html [26.03.2016, 17:08 Uhr].
[181] Die einzelnen Themen sind im Anhang unter den jeweiligen Vereinen aufgeführt (siehe Tabellenverzeichnis).

Thema Ökologie	Häufigkeit
Nutzung von natürlichen Ressourcen (1)	0
Nutzung von natürlichen Rohstoffen (2)	0
Verkehrswege (3)	0
Sportplatzbau (4)	0
Umweltschutz (5)	2
Sonstige (9)	0
Gesamt	**2**

Tabelle 7: Häufigkeiten Thema Ökologie (Eigene Darstellung)

Thema Soziales	Häufigkeit
Kooperation mit Sponsoren (1)	0
Kooperation mit Unternehmen und Organisationen (2)	8
Eigene Stiftungen und Fanprojekte (3)	6
Menschenrechte (4)	0
Arbeitsnormen (5)	0
Integration und Inklusion (6)	6
Gewalt und Rassismus Prävention (7)	5
Sonstige (9)	10
Gesamt	**35**

Tabelle 8: Häufigkeiten Thema Soziales (Eigene Darstellung)

Neben den Indikatoren, die CSR-Maßnahmen im Verein und in Kooperation aufzeigen wurde auch analysiert, ob die Nutzer der Webseiten die Möglichkeit haben sich über die Thematik bei den Vereinen selbst zu erkundigen. Insgesamt geben fünf von acht Vereinen Nutzern die Möglichkeit durch einen direkten Ansprechpartner Kontakt aufzunehmen. Nur ein Verein hat keine Kontaktmöglichkeit (E-Mailadresse, Telefonnummer) angegeben und ein weiterer keine Telefonnummer.

Nach dieser Analyse in dem Bereich kann festgehalten werden, dass die Möglichkeiten der direkten Kontaktaufnahme verbesserungswürdig sind. Wie eingangs dieser Arbeit erwähnt ist das Thema CSR eines, welches nicht nur ausreicht irgendwo zu platzieren es sollte sich auf jeder Ebene des Vereins wiederfinden und somit auch ein Teil der Organisationsstruktur bzw. im Organigramm sein. Auch was die Implementierung von CSR in die Unternehmensstruktur (Organisationsstruktur) angeht haben die Vereine noch Nachholbedarf. So haben nur drei der 18 Vereine CSR in ihre Struktur eingebettet.

Kontaktmöglichkeit	Häufigkeit
Ansprechperson	5
E-Mailadresse	4
Telefonnummer	3
Faxnummer	0

Tabelle 9: Kontaktmöglichkeiten auf den Webseiten (Eigene Darstellung)

Wie die Ergebnisse der Analyse, der Vereine aus der ersten Deutschen Fußball-Bundesliga gezeigt haben ist die Implementierung des CSR-Konzeptes auf einem guten Weg. Zwei Vereine sollen hier kurz beispielhaft erwähnt werden, welchen die Umsetzung bis dato gelungen ist. So hat der Hamburger SV[182] einen Artikel online, welcher das CSR-Konzept definiert. Ein weiterer Verein, welchem durchaus eine Vorreiterrolle zugewiesen werden kann ist der SV Werder Bremen. Dieser orientiert sich mit seiner Stiftung „Werder bewegt"[183] an den Codes of Conduct und den Ethikkodizes. Außerdem sind die unterschiedlichen Projekte anhand der Säulen des ‚magischen Dreiecks' strukturiert dargestellt. Des Weiteren hat der Verein, neben dem VfL Wolfsburg, die meisten Beiträge (insgesamt sechs) in der Saison 2014/2015 kommuniziert.

---

[182] Hamburger SV (o.A.). Verfügbar unter: http://www.hsv.de/verein/meldungen/verein/csr/definition-csr/ [02.04.2016, 21:15 Uhr].
[183] SV Werder Bremen (o.A.). Verfügbar unter: http://www.werder.de/werder-bewegt/ueber-werder-bewegt/unser-soziales-engagement/ [02.04.2016, 21:33 Uhr].

6.3.2. ANALYSE DER ZWEITEN DEUTSCHEN FUßBALL-BUNDESLIGA

Die Untersuchung der 18 Vereins-Webseiten der zweiten Deutschen Fußball-Bundesliga wird sich dem Ablauf der vorangegangen Auswertung anpassen, um den späteren Vergleich der beiden Ligen systematisch anpassen zu können. Im Unterschied zu der ersten Fußball-Bundesliga werden in der folgenden Analyse acht Vereine von der Auswertung ausgeschlossen[184], da sie keine Suchfunktion auf ihren Webseiten angeboten haben und keine direkten Schlüsse auf eine Tätigkeit im Bereich der Corporate Social Responsibility möglich waren. Bei zwei[185] der acht Vereine wurden jedoch Ansprechpartner gefunden, welche in dem entsprechenden Abschnitt in die Auswertung mit einbezogen wurden.

In der zweiten Fußball-Bundesliga wurden insgesamt 16 Mal die Schreibweisen von CSR auf den jeweiligen Vereins-Webseiten gefunden. Die meisten Resultate wurden mit den Ausprägungen ‚gesellschaftliche Verantwortung' (7) und ‚CSR' (6) erzielt. Wie die nachstehende Häufigkeitstabelle zeigt, wurden von maximal 30 insgesamt 16 Treffer markiert. Es ist jedoch anzumerken, dass nicht nur Ergebnisse aus dem Bereich Corporate Social Responsibility als solche von den Webseiten aufgezeigt wurden, sondern auch Artikel, welche entweder „gesellschaftliche oder Gesellschaft etc." sowie „Verantwortung" beinhalteten. Diese wurden zu einem späteren Zeitpunkt aus der Untersuchung ausgeschlossen, jedoch nicht aus der Analyse an sich.

Schreibweisen CSR	Häufigkeit
Corporate Social Responsibility	3
CSR	6
Gesellschaftliche Verantwortung	7
Gesamt	**16**

Tabelle 10: Häufigkeit der unterschiedlichen Schreibweisen von CSR (Eigene Darstellung)

---

[184] Daher werden im Folgenden lediglich die Ergebnisse von 10 der 18 Vereine dargestellt.
[185] Fortuna Düsseldorf 1895 und 1. FC Nürnberg

Im zweiten Abschnitt der Auswertung wurden die einzelnen Themengebiete des ‚magischen Dreiecks' als Hauptkategorien verwendet und die Unterkategorien, wie bereits beschrieben, aus den Hauptthemen dieser Arbeit herangezogen.[186] Der Zeitraum der Untersuchung lag zwischen dem 01.08.2014 (Bundesligastart) und dem 02.06.2015 (letzter Spieltag der Relegation). Der Zusammenhang zwischen dem Erfolg und der Tabellenposition am Ende der Saison lässt sich hier nur schwer feststellen, da die 10 ausgeschlossenen Vereine bei einer weiterführenden Untersuchung[187] dennoch Ergebnisse liefern könnten. In der oberen Tabellenhälfte (Platzierungen 1-9) wurden drei Vereine aus der Analyse ausgeschlossen und nur ein Verein hat einen Artikel veröffentlicht. Im Vergleich dazu wurden in der zweiten Tabellenhälfte (Platzierungen 10-18) insgesamt acht Artikel auf den Webseiten von vier Vereinen publiziert und fünf Vereine aus der Untersuchung ausgeschlossen. Unter den nicht beachteten Vereinen befinden sich die Platzierungen 16,17 und 18, welche die Abstiegsplätze markieren. Zudem hat keiner der drei Vereine aus der oberen Tabellenhälfte, welche aufsteigen bzw. um den Aufstieg in die erste Fußball-Bundesliga spielen sich mit einer der drei Hauptthemen auseinandergesetzt hat. Des Weiteren wurde der Drittplatzierte (Karlsruher SC) aus der weiteren Analyse ausgeschlossen.

Zu den beiden Hauptkategorien der ‚Ökonomie und Ökologie' wurden insgesamt keine Berichte über Aktivitäten in den neun Unterkategorien gefunden, daher wird im Folgenden lediglich der Bereich des ‚Sozialen' aufgezeigt. Insgesamt wurden 11 Artikel in vier unterschiedlichen Themengebieten (Kooperation mit Unternehmen und Organisationen, Integration und Inklusion, Gewalt und Rassismus Prävention, Sonstige) veröffentlicht. Dies entspricht einem Artikel pro Verein in der Saison 2014/2015.

---

[186] siehe Kapitel 6.2.3. Die Kategorien.
[187] Bspw. Einsicht der Geschäftsberichte etc.

Thema Soziales	Häufigkeit
Kooperation mit Sponsoren (1)	0
Kooperation mit Unternehmen und Organisationen (2)	2
Eigene Stiftungen und Fanprojekte (3)	0
Menschenrechte (4)	0
Arbeitsnormen (5)	0
Integration und Inklusion (6)	4
Gewalt und Rassismus Prävention (7)	2
Sonstige (9)	3
Gesamt	11

Tabelle 11: Häufigkeiten Thema Soziales (Eigene Darstellung)

Die Nutzer haben auf drei der 12 Webseiten die Möglichkeit Kontakt mit Ansprechpartnern im Verein aufzunehmen. Lediglich der Erstplatzierte (FC Ingolstadt 04), welcher in der folgenden Saison in die erste Fußball-Bundesliga aufgestiegen ist, gibt seinen Nutzern die Möglichkeit direkten Kontakt aufzunehmen. Dies beinhaltet alle vier Komponenten der Analyse (Name, E-Mailadresse, Telefonnummer, Faxnummer). Fortuna Düsseldorf 1895 und der 1. FC Nürnberg hingegen haben zwar Ansprechpartner im Verein angegeben, allerdings nur einen Namen ohne weitere Kontaktmöglichkeiten. Auch in den Organigrammen bzw. der Organisationsstruktur hat die Implementierung von Corporate Social Responsibility nicht stattgefunden. Lediglich die SpVgg Greuther Fürth hat CSR in ihrem Organigramm eingesetzt.

Insgesamt lässt sich festhalten, dass die Implementierung von CSR in der zweiten Deutschen Fußball-Bundesliga bisher kaum stattgefunden hat.

6.3.3. VERGLEICH DER BEIDEN LIGEN

Ein Vergleich der beiden Deutschen Fußball-Bundesligen ist durch die hohe Ausschlussquote und der kaum gegebenen Themenvielfalt, in der zweiten Liga, kaum möglich. Dennoch lässt sich feststellen, dass in beiden Ligen die ‚Soziale' Säule eine elementare Größe einnimmt, was u.a. auch zu ihrer Nähe zum ‚sozialen Engagement' liegen kann. Die folgenden Unterthemen wurden in beiden Ligen kommuniziert:[188] Die Kooperation mit weiteren Unternehmen und Organisationen (10), die Integration und Inklusion sowohl von Menschen mit Behinderungen als auch die Eingliederung von Flüchtlingen (9) und die Gewalt und Rassismus Prävention (7), welche gerade im Fußball eine wichtige Rolle spielt[189]. Neben diesen Bereichen wurden noch viele weitere angesprochen, welche teilweise Saisonal (weihnachtliche Lesestunden, Erfüllung von Wünschen etc.) stattfanden (Sonstige 13).

---

[188] Die Zahlen in den Klammern sind die summierten Häufigkeiten, der Artikel aus dem jeweiligen Bereich, aus der ersten und zweiten Bundesliga.
[189] Siehe ‚Weissbuch des Sports' der Europäischen Gemeinschaft, Kapitel 3 CSR im Sport, S. 35.

7. FAZIT

Im 21. Jahrhundert ist Corporate Social Responsibility nicht mehr aus dem Bereich der Wirtschaft wegzudenken. Dies ist auch das Ergebnis der Kommission der Europäischen Union, welche mit dem ‚Grünbuch' aus dem Jahr 2011 den Unternehmen in Europa eine Richtlinie für die Implementierung von CSR-Konzepten zur Seite stellte. Dieses Konzept, welches auf Freiwilligkeit beruht, hat sich in den letzten Jahren immer weiter verbreitet v.a. in den Branchen, welche sich mit Nachhaltigkeit auseinandersetzen müssen, wie bspw. der Automobilbranche. Obwohl sich dieses Thema, auch in der Literatur, immer weiter ausdehnt gibt es Bereiche, welche bisher augenscheinlich ausgeklammert wurden. Wie den der Deutschen Fußball-Bundesligen.

Diese Bakkalaureatsarbeit bietet einen Überblick über die Bestandteile, Instrumente, Wege und Antreiber welche die Unternehmen in Europa im Allgemeinen zur Verfügung haben, um sich der CSR-Thematik anzunähern und diese erfolgreich im Unternehmen zu implementieren. Hier zeigt sich, dass sich seit der Entstehung der Idee des Begriffs bzw. vielmehr des Konzeptes bis heute kaum etwas geändert hat. Den Unternehmen stehen jedoch seit Beginn des 21. Jahrhunderts durch die Arbeit der Kommissionen und weiteren Institutionen verschiedene Wegweiser zur Verfügung, wie dem Code of Conduct, UN Global Compacts, ISO26000 oder den OECD Leit- und Grundsätzen. Die wesentlichen Inhalte des Konzeptes wurden von Archie B. Carroll im wirtschaftlichen Sinne geprägt und durch das ‚magische Dreieck' weitergetragen und ergänzt. Dieses besteht aus den ökonomischen, ökologischen und sozialen Themen, welche die interdependenten Komponenten von Corporate Social Responsibility bilden. Die vorangegangenen Wegweiser tragen alle Inhalte aus diesen Bereichen ich ihren Grundsätzen und in den Aufgaben an die Unternehmen mit sich. Da es offenbar für jeden Unternehmenstyp die Möglichkeit gibt CSR zu implementieren und es, wie bisher betont ein wichtiges Konzept der Reputation eines Unternehmens im 21. Jahrhundert ist, stellt sich die Frage, wie es mit den Unternehmen bestellt ist, welche offensichtlich soziales Engagement betreiben und Millionen in die Steuerkassen ihrer Regionen einbezahlen und ergo wichtige Unternehmen für diese Regionen sind. Gemeint sind die Fußball-Vereine der ersten und zweiten Deutschen Bundesliga. Dementsprechend wurden die Bedeutung und das

Verständnis von Corporate Social Responsibility im Sport an sich sowie beim Deutschen Fußball-Bund charakterisiert. Diese ginge somit der Webseiten-Analyse der 36 Vereine aus der ersten und zweiten Deutschen Fußball-Bundesliga voraus. Das Forschungsinteresse dieser Arbeit lag darin zum einen darin zu überprüfen, ob die Vereine der jeweiligen Ligen sich mit dem Wirtschaftsthema der Corporate Social Responsibility auseinandersetzen und wenn ja, welche der eingangs erwähnten Bereiche dominieren. Zudem wurde analysiert, ob ein Zusammenhang zwischen dem Erfolg eines Teams bzw. eines Vereins in einer Liga und der Implementierung von Corporate Social Responsibility existiert.

Das Ergebnis zeigt, dass die Implementierung von CSR in den Vereinen der ersten Deutschen Fußball-Bundesliga umgesetzt wurde. Lediglich bei zwei Vereinen hat die Suche auf den Vereins-Webseiten zu keinerlei Resultaten geführt, dass es sich hierbei um Borussia Mönchengladbach (Platz 3) und den FC Augsburg (Platz 5) handelt ist insofern überraschend, da es sich nicht um Aufsteiger aus der zweiten Liga handelt und v.a. Borussia Mönchengladbach mehreren Jahren in der ersten Tabellenhälfte zu finden ist und sich somit jährlich auch für internationale Wettbewerbe qualifiziert. Am intensivsten haben sich der VfL Wolfsburg (Platz 2) und der SV Werder Bremen (Platz 10) in der Saison 2014/2015, 22.08.2014-02.06.2015, mit den Themen auseinandergesetzt bzw. diese nach außen kommuniziert. Gerade der SV Werder Bremen sollte hier als Vorreiter noch einmal erwähnt werden, da das CSR-Konzept fest im Unternehmen implementiert ist und sich an internationalen Normen (Code of Conduct) orientiert. Die bisherigen Ergebnisse der Analyse der Vereins-Webseiten hat somit ergeben, dass CSR durchaus in der ersten Liga angekommen ist, wobei dies nicht bedeutet, dass alle Bereiche zufriedenstellend abgedeckt sind und die Implementierung abgeschlossen ist. Dies resultiert v.a. daraus, dass weiterhin soziale Projekte im Vordergrund stehen und lediglich zwei Vereine sich mit ökologischen Themen auseinandergesetzt haben. Die Resultate aus der zweiten Deutschen Fußball-Bundesliga zeigen eindeutig, dass die Thematik in den Vereinen in der Saison 2014/2015, 01.08.2014-02.06.2015, noch nicht angekommen ist. So wurden lediglich 11 Themen aus dem Bereich des ‚Sozialen' kommuniziert. Zudem wurden acht Vereine aus der Analyse ausgeschlossen, weil diese über keine Suchfunktion und keine Menüpunkte mit dem Thema auf ihren Webseiten hatten.

Dementsprechend lässt sich festhalten, dass v.a. in der ersten Deutschen Fußball-Bundesliga die Implementierung bisher in weiten Teilen funktioniert hat, diese jedoch nicht vom Erfolg eines Vereins innerhalb einer Saison festzumachen ist.

Bibliografie

PRIMÄRLITERATUR

Ahlert, Gerd (2013): *Die wirtschaftliche Bedeutung des Sports in Deutschland. Abschlussbericht zum Forschungsprojekt „Satellitenkonto Sport 2008" für das Bundesinstitut für Sportwissenschaft (BISp)*. In: gws Research Report, 2013/2. Verfügbar unter: http://www.bisp.de/SharedDocs/Downloads/SSK/SSK_2013_2407.pdf?__blob=publicationFile&v=1 [03.02.2016, 19:09 Uhr].

Bassen, Alexander/**Jastram**, Sarah/**Meyer**, Katrin (2005): *Corporate Social Responsibility. Eine Begriffserklärung*. In: Zeitschrift für Wirtschafts- und Unternehmensethik. Jahrgang 6, Heft 2. Verfügbar unter: http://zfwu.de/fileadmin/pdf/2_2005/6_2_14_%20Bassen_Jastram_Meyer_Ideenforum.pdf [03.02.2016, 17:17 Uhr].

Bertelsmann Stiftung (2015): *CRI: Corporate Responsibility Index 2015. Corporate Responsibility-Management in Deutschland: Status quo und acht Maximen zum Corporate Responsibility Erfolg*. Verfügbar unter: http://www.bertelsmann-stiftung.de/fileadmin/files/user_upload/Gesamtbericht_CRI_2015.pdf [03.02.2016, 19:37].

Carroll, Archie B. (1991): *The Pyramide of Corporate Social Responsibility: Toward the Moral Management of Organizational Stakeholders*. In: Business Horizons, Nr. 34. S. 39-48.

Davis, Keith (1973): *The Case for and against Business Assumption of Social Responsibilities*. In: The Academy of Management Journal. Vol. 63 (2), S. 312-322.

Deutscher Fußball-Bund (o.A.,a): *Auf dem Weg zur Nachhaltigkeit. Die soziale und gesellschaftliche Verantwortung des organisierten Fußballs*. Verfügbar unter: http://www.dfb.de/fileadmin/_dfbdam/52230-Broschuere_-_Auf_dem_Weg_zur_Nachhaltigkeit.pdf [14.02.2016, 09:47 Uhr].

Deutscher Fußball-Bund (o.A.,b): *Nachhaltigkeitsmanagement. Gremien.* Verfügbar unter: http://www.dfb.de/nachhaltigkeitsmanagement/gremien/ [14.02.2016, 11:45 Uhr].

Deutscher Fußball-Bund (o.A.,c): *Nachhaltigkeitsmanagement. Fussball und gesellschaftliche Verantwortung.* Verfügbar unter: http://www.dfb.de/nachhaltigkeitsmanagement/start/ [14.02.2016, 11:53 Uhr].

Deutscher Fußball-Bund (2015,a): *Der DFB. Die DFB Geschichte. Von Bern bis Magdeburg: Von WM-Siegen und der Wiedervereinigung.* Verfügbar unter: http://www.dfb.de/index.php?id=1000477 [14.02.2016, 09:01 Uhr].

Deutscher Fußball-Bund (2015, b). *Fussball ist Zukunft. Der Nachhaltigkeitsbericht des Deutschen Fußball-Bundes.* Verfügbar unter: http://www.dfb.de/fileadmin/_dfbdam/52226-DFB-Nachhaltigkeitsbericht_2013.pdf [14.02.2016, 11:30 Uhr].

Deutsche Fußball-Liga (o.A.,a): *Bundesliga Report 2016. Die Saison 2014/2015 auf einen Blick.* Verfügbar unter: http://s.bundesliga.de/assets/doc/1070000/1066709_original.pdf [21.02.2016, 10:58 Uhr].

Deutsche Fußball-Liga (o.A.,b): *Spielplan Saison 2014/2015. Bundesliga.* Verfügbar unter: http://s.bundesliga.de/assets/doc/10000/519_original.pdf [05.03.2016, 11:09 Uhr].

Deutsche Fußball-Liga (o.A.,c): *Spielplan Saison 2014/2015. 2. Bundesliga.* Verfügbar unter: http://s.bundesliga.de/assets/doc/10000/530_original.pdf [05.03.2016, 11:22 Uhr].

Eisenegger, Mark/**Schranz**, Mario (2011): *CSR-Moralisierung des Reputationsmanagements.* In: Handbuch CSR. Kommunikationswissenschaftliche Grundlagen, disziplinäre Zugänge und methodische Herausforderung. Hrsg.: Johanna Raupp, Stefan Jarolimek, Stefan Schultz. 1. Auflage. VS Verlag für Sozialwissenschaften, Wiesbaden.

Etter, Michael/**Fieseler**, Christian (2011): *Die Ökonomie der Verantwortung – eine wirtschaftswissenschaftliche Perspektive auf CSR.* In: Handbuch CSR. Kommunikationswissenschaftliche Grundlagen, disziplinäre Zugänge und methodische Herausforderung. Hrsg.: Johanna Raupp, Stefan Jarolimek, Stefan Schultz. 1. Auflage. VS Verlag für Sozialwissenschaften, Wiesbaden.

Europäische Kommission (2011): *Mitteilung der Kommission an das Europäische Parlament, den Rat, den Europäischen Wirtschafts- und Sozialausschuss und den Ausschuss der Regionen. Eine neue EU-Strategie (2011-14) für die soziale Verantwortung der Unternehmen (CSR).* Verfügbar unter: http://ec.europa.eu/geninfo/query/index.do?queryText=CSR+Definition&query_source=ENTERPRISE&summary=summary&more_options_source=restricted&more_options_date=*&more_options_date_from=&more_options_date_to=&more_options_language=de&more_options_f_formats=*&swlang=de [04.02.2016, 20:05 Uhr].

FC Schalke 04 (22.01.2015): *S04-Profis überraschen Kids in der Region.* Verfügbar unter: http://www.schalke04.de/de/aktuell/news/150122_spielerbesuche/page/5151--5151-213--213.html [26.03.2016, 17:08 Uhr].

Gollnick, Gabriele (2013): *Geben ohne Kalkül. Engagementmotivationen kleiner- und mittelständischer Unternehmen.* Springer Fachmedien, Wiesbaden.

Heering, Kurt-J. (2012): *50 Jahre Fussball Bundesliga. Stars & Stadien. Tore & Triumphe. Fakten & Rekorde.* arsEdition, München.

Hertha BSC Berlin (08.08.2014): *Nachspielzeit – Niemeyer unterstützt ‚Fit für die Straße'.* Verfügbar unter: http://www.herthabsc.de/de/intern/nachspielzeit-niemeyer/page/5955--17-17--17.html [26.03.2016, 17:05 Uhr].

Ingenhoff, Diana/**Kölling**, Martina A. (2011): *Internetbasierte CSR-Kommunikation.* In: Handbuch CSR. Kommunikationswissenschaftliche Grundlagen, disziplinäre Zugänge und methodische Herausforderung. Hrsg.: Johanna Raupp, Stefan Jarolimek, Stefan Schultz. 1. Auflage. VS Verlag für Sozialwissenschaften, Wiesbaden.

Karmasin, Matthias/**Weder**, Fransisca (2011): *CSR nachgefragt: Kann man Ethik messen? Die Befragung als Methode der Rekonstruktion von CSR.* In: Handbuch CSR. Kommunikationswissenschaftliche Grundlagen, disziplinäre Zugänge und methodische Herausforderung. Hrsg.: Johanna Raupp, Stefan Jarolimek, Stefan Schultz. 1. Auflage. VS Verlag für Sozialwissenschaften, Wiesbaden.

Kommission der Europäischen Gemeinschaften (2007): *Weissbuch des Sports.* Verfügbar unter: http://eur-lex.europa.eu/legal-content/DE/TXT/PDF/?uri=CELEX:52007DC0391&from=DE [13.02.2016, 20:30 Uhr].

Kuhlen, Beatrix (2005): *Corporate Social Responsibility (CSR) die ethische Verantwortung von Unternehmen für Ökologie, Ökonomie und Soziales ; Entwicklung - Initiativen - Berichterstattung – Bewertung.* 1. Auflage. Deutscher Wissenschaftsverlag, Baden-Baden.

Lexikon der Nachhaltigkeit (2015): *Nachhaltigkeitslinie: ISO 26000.* Verfügbar unter: https://www.nachhaltigkeit.info/artikel/nachhaltigkeitsstandard_iso_26000_1565.htm [07.02.2016, 13:43 Uhr].

Lies, Jan Prof. Dr. (o.A.). *Diversity Management.* In: Gabler Wirtschaftslexikon. Verfügbar unter: http://wirtschaftslexikon.gabler.de/Archiv/1097117092/diversity-management-v1.html [13.02.2016, 15:36 Uhr].

Lin-Hi, Nick Prof. Dr. (o.A.,a): *Corporate Social Responsibility.* In: Gabler Wirtschaftslexikon. Verfügbar unter: http://wirtschaftslexikon.gabler.de/Archiv/5128/corporate-social-responsibility-v12.html [03.02.16, 20:01 Uhr].

Lin-Hi, Nick Prof. Dr. (o.A.,b): *Corporate Citizenship.* In: Gabler Wirtschaftslexikon. Verfügbar unter: http://wirtschaftslexikon.gabler.de/Archiv/5125/corporate-citizenship-v11.html [08.02.2016, 21:40 Uhr].

Müller-Stewens, Günter (2010): *Unternehmensstrategie und gesellschaftliche Verantwortung.* In: Management . eine gesellschaftliche Aufgabe. Hrsg.: Sascha Spoun und Timo Meynhardt. Band 3. Nomos Verlagsgesellschaft, Baden-Baden.

OECD (2004): *OECD-Grundsätze der Corporate Governance. Neufassung 2004.* Verfügbar unter: http://www.oecd.org/corporate/ca/corporategovernanceprinciples/32159487.pdf [08.02.2016, 20.40 Uhr].

OECD (2008): *Überblick über ausgewählte Initiativen und Instrumente für ein gesellschaftlich verantwortliches unternehmerisches Handeln.* Verfügbar unter: http://www.oecd.org/berlin/41988592.pdf [08.02.2016, 20:58 Uhr].

OECD (2011): *OECD-Leitsätze für multinationale Unternehmen.* Verfügbar unter: http://www.oecd.org/corporate/mne/48808708.pdf [08.02.2016, 21:10 Uhr].

Österreichische Gesellschaft für Umwelt und Technik (o.A.): *Wesentliche ökologische, soziale und ökonomische Aspekte zur Beurteilung von Nachhaltigkeitsberichten. Positionspapier.* Hrsg.: Lebensmittelministerium. Verfügbar unter: http://www.oegut.at/downloads/pdf/nh-berichterstattung-positionspapier.pdf [07.02.2016, 17:08 Uhr].

Raupp, Johanna/**Jarolimek**, Stefan/**Schultz**, Stefan (Hrsg.) (2011): *Corporate Social Responsibility als Gegenstand der Kommunikationsforschung. Einleitende Anmerkungen, Definitionen und disziplinäre Perspektiven.* In: Handbuch CSR. Kommunikationswissenschaftliche Grundlagen, disziplinäre Zugänge und methodische Herausforderung. 1. Auflage. VS Verlag für Sozialwissenschaften, Wiesbaden.

Schmidpeter, René (2012): *Unternehmerische Verantwortung – Hinführung und Überblick über das Buch.* In: Corporate Social Responsibility. Verantwortungsvolle Unternehmensführung in Theorie und Praxis. Hrsg. Andreas Schneider, René Schmidpeter. 2. Auflage. Springer Gabler Verlag, Berlin/Heidelberg.

Schneider, Andreas (2012): *Reifegradmodell der CSR – eine Begriffserklärung und Abgrenzung.* In: *Corporate Social Responsibility Verantwortungsvolle Unternehmensführung in Theorie und Praxis.* Hrsg.: Andreas Schneider und René Schmidpeter. Springer Verlag, Berlin/Heidelberg.

Schultz, Frederike/**Wehmeier**, Stefan (2011): *Zwischen Struktur und Akteur: Organisationssoziologische und –theoretische Perspektiven auf Corporate Social Responsibility.* In: Handbuch CSR. Kommunikationswissenschaftliche Grundlagen, disziplinäre Zugänge und methodische Herausforderung. Hrsg.: Johanna Raupp, Stefan Jarolimek, Stefan Schultz. 1. Auflage. VS Verlag für Sozialwissenschaften, Wiesbaden.

Seyfriedt, Thilo Prof. Dr. (o.A.): *Stakeholder-Theorie.* In: Gabler Wirtschaftslexikon. Verfügbar unter: http://wirtschaftslexikon.gabler.de/Archiv/54861/stakeholder-ansatz-v6.html [13.02.2016, 17:30 Uhr].

Statistisches Bundesamt (2016): *Dem Wirtschaftsfaktor Sport auf der Spur.* Verfügbar unter:https://www.destatis.de/DE/ZahlenFakten/GesamtwirtschaftUmwelt/VGR/Methoden/Sportsatellitenkonto.html [06.02.2016, 14:18 Uhr].

SV Werder Bremen (21.05.2015). *Erlebnistag Klimaschutz und Nachhaltigkeit.* Verfügbar unter: http://www.werder.de/de/aktuell/news/werder-bewegt/201415/erlebnistagklimahaus/#c89686 [26.03.2016, 15:25 Uhr].

SV Werder Bremen (o.A.): *Werder Bewegt. Unser soziales Engagement.* Verfügbar unter: http://www.werder.de/werder-bewegt/ueber-werder-bewegt/unser-soziales-engagement/ [02.04.2016, 21:33 Uhr].

Szyska, Peter (2011): *Unternehmen und soziale Verantwortung – eine organisational-systemtheoretische Perspektive.* In: Handbuch CSR. Kommunikationswissenschaftliche Grundlagen, disziplinäre Zugänge und methodische Herausforderung. Hrsg.: Johanna Raupp, Stefan Jarolimek, Stefan Schultz. 1. Auflage. VS Verlag für Sozialwissenschaften, Wiesbaden.

Thommen, Jean-Paul Prof. Dr. (o.A.): *Stakeholder*. In: Gabler Wirtschaftslexikon. Verfügbar unter: http://wirtschaftslexikon.gabler.de/Archiv/1202/anspruchsgruppen-v6.html [08.02.2016, 21:15 Uhr].

UN Global Compact, Network Austria (o.A.,a): *Allgemeines. Vision und Ziele. Dialog und Austausch.* Verfügbar unter: http://www.unglobalcompact.at/ungc/site/de/unglobalcompact/allgemeines [17.04.2016, 15:08 Uhr].

UN Global Compact, Network Austria (o.A.,b): *Die 10 Prinzipien*. Verfügbar unter: http://www.unglobalcompact.at/ungc/site/de/unglobalcompact/10prinzipien/article/4491.html [08.02.2016, 20:11 Uhr].

United Nations Global Compact (o.A.): *The Ten Principles of the UN Global Compact.* Verfügbar unter: https://www.unglobalcompact.org/what-is-gc/mission/principles [06.02.2016, 18:02 Uhr].

VfL Wolfsburg (12.11.2014): *VfL-Wald.* Verfügbar unter: https://www.vfl-wolfsburg.de/info/soziales/umwelt/vfl-wald.html [26.03.2016, 15:11 Uhr].

VfL Wolfsburg (21.11.2014): Geschichten zum Leben erwecken. Verfügbar unter: https://www.vfl-wolfsburg.de/de/info/aktuelles/detailseite/artikel/geschichten-zum-leben-erwecken-35457.html [26.03.2016, 15:48 Uhr].

Werder, Axel Dr. Prof. von (o.A.): *Corporate Governance*. In: Gabler Wirtschaftslexikon. Verfügbar unter: http://wirtschaftslexikon.gabler.de/Archiv/55268/corporate-governance-v8.html [08.02.2016, 21:53 Uhr].

SEKUNDÄRLITERATUR

Brosius, Hans-Bernd, **Haas**, Alexander, **Koschel**, Friederike (Hrsg.) (2012): *Inhaltsanalyse I: Grundlagen.* In: Methoden der empirischen Kommunikationsforschung. 6. Auflage. Springer Verlag, Wiesbaden.

Brosius, Hans-Bernd, **Haas**, Alexander, **Koschel**, Friederike (Hrsg.) (2012): *Inhaltsanalyse II: Kategorien und Codebuch.* In: Methoden der empirischen Kommunikationsforschung. 6. Auflage. Springer Verlag, Wiesbaden.

Diekmann, Andreas (2008): *Empirische Sozialforschung. Grundlagen, Methoden, Anwendungen.* Hrsg.: Burkhard König. Rowohlts Taschenbuch Verlag, Reinbek.

Hildebrandt, Alexandra (2014): *CSR und Sportmanagement: Jenseits von Sieg und Niederlage: Sport als gesellschaftliche Aufgabe verstehen und umsetzen.* Springer Verlag, Berlin/Heidelberg.

Kurz, Helene Maria: *Corporate Social Responsibility als Strategie der Unternehmenskommunikation.* Universität Wien: 2004.

Schultz, Frederike/**Wehmeier**, Stefan (2010): *Institutionalization of CSR within Corporate Communications. Combining institutional sensemaking and communication perspectives.* Corporate Communication Association: An International Journal, Nr. 15 (1), S.9-29.

Anhang

I. CODEBUCH: ANALYSE DER ERSTEN DEUTSCHEN FUßBALL-BUNDESLIGA

Vereine	A[190]	B[191]	C[192]	D[193]	E[194]	F[195]	G[196]	H[197]	I[198]
Bayer 04 Leverkusen	1	1	1	0	0	0	0	4	0
Borussia Dortmund	0	1	1	0	0	2,3,6,7,9	1	7	0
Borussia Mönchengladbach	0	0	0	0	0	0	0	3	0
Eintracht Frankfurt	0	0	1	0	0	0	0	9	0
FC Augsburg	0	0	0	0	0	0	0	5	0
FC Bayern München	1	0	1	0	0	0	1	1	1
FC Schalke 04	0	1	1	0	0	9	0	6	0
Hamburger SV	1	1	1	0	0	0	0	16	0
Hannover 96	0	1	1	0	0	0	0	13	0
Hertha BSC	0	1	1	0	0	2,3,6,9	0	15	0
SC Paderborn 07	0	1	1	0	0	2	0	18 (A)	1,2,3

---

[190] A = Corporate Social Responsibility
[191] B = CSR
[192] C = Gesellschaftliche Verantwortung
[193] D = Thema: Ökonomie
[194] E = Thema: Ökologie
[195] F = Thema: Soziales
[196] G = Organigramm/Organisations-struktur
[197] H = Tabellenplatzierung Saisonende
[198] I = Ansprech-partner im Verein

Sport-Club Freiburg	0	0	1	0	0	0	0	17	0
SV Werder Bremen	1	0	1	0	5	2,3,6,7,9	0	10	1,2,3
TSG Hoffenheim	0	0	1	0	0	0	0	8	0
VfB Stuttgart	0	1	1	0	0	2	0	14	0
VfL Wolfsburg	1	1	1	0	5	2,3,6,9	1	2	1,2
1. FC Köln	0	0	1	0	0	0	0	12 (A)	0
1. FSV Mainz 05	1	1	1	0	0	0	0	11	1,2,3

Tabelle 12: Codebuch: Analyse der ersten Fußball-Bundesliga (Eigene Darstellung)

II. NENNUNG VON CSR, ANZAHL DER THEMEN UND TABELLENSITUATION

Vereine	Ausprägung CSR 1x genannt	Ausprägung CSR 2x genannt	Ausprägung CSR 3x genannt	Ausprägung CSR nicht genannt	Anzahl der Themen insgesamt auf der Webseite	Tabellenplatzierung
Bayer 04 Leverkusen			1		1	4
Borussia Dortmund		1			5	7
Borussia Mönchengladbach				1	0	3
Eintracht Frankfurt	1				0	9
FC Augsburg				1	0	5
FC Bayern München		1			0	1
FC Schalke 04		1			1	6
Hamburger SV			1		0	16
Hannover 96		1			0	13
Hertha BSC		1			4	15
SC Paderborn 07		1			1	18 (A)
Sport-Club Freiburg	1				0	17
SV Werder Bremen		1			6	10

TSG Hoffenheim	1				0	8
VfB Stuttgart		1			1	14
VfL Wolfsburg			1		6	2
1. FC Köln	1				0	12 (A)
1. FSV Mainz 05			1		0	11
Gesamt	4	8	4	2	25	-

Tabelle 13: Nennung von CSR, Anzahl der Themen und Tabellensituation (Eigene Darstellung)

III. NACHWEISE DER VEREINE DER ERSTEN FUßBALL-BUNDESLIGA

<u>BAYER 04 LEVERKUSEN</u>
Corporate Social Responsibility:
http://www.bayer04.de/B04-DEU/de/_site_index.aspx [12.03.2016, 10:30 Uhr].
CSR:
 http://www.bayer04.de/B04-DEU/de/_site_index.aspx [12.03.2016, 10:32 Uhr].
Gesellschaftliche Verantwortung:
http://www.bayer04.de/B04-DEU/de/_site_index.aspx [12.03.2016, 10:35 Uhr].
Ansprechpartner im Verein:
http://www.bayer04.de/B04-DEU/de/_site_index.aspx [12.03.2016, 10:42 Uhr].
Organisationsstruktur/Organigramm:
http://www.bayer04.de/bilder/pdf/Organigramm-Bayer04_0715_1516.pdf
[12.03.2016, 10:37 Uhr].

BORUSSIA DORTMUND

Corporate Social Responsibility:
http://www.bvb.de/bvbsearch/search?q=Corporate+Social+Responsibility
[12.03.2016, 10:50 Uhr].

CSR:
http://www.bvb.de/bvbsearch/search?season=&from_date=&to_date=&q=CSR&sorting=#result [12.03.2016, 10:51 Uhr].

Gesellschaftliche Verantwortung:
http://www.bvb.de/bvbsearch/search?season=&from_date=&to_date=&q=Gesellschaftliche+Verantwortung&sorting= [12.03.2016, 10:56 Uhr].

Ansprechpartner im Verein:
http://www.bvb.de/Kontakt [12.03.2016, 11:02 Uhr].

Organisationsstruktur/Organigramm:
http://aktie.bvb.de/BVB-auf-einen-Blick/Organisation-und-Management [12.03.2016, 11:00 Uhr].

Nachweis der Themengebiete: Ökonomie, Ökologie, Soziales:

Thema	Unter-kategorie	Inhalt	Veröffent-licht am	Link	Link das letzte Mal geöffnet am
Soziales	Sonstiges (9)	Nachwuchs-förderung	25.08.14	http://www.bvb.de/News/Uebersicht/Wir-legen-Wert-auf-Schule-und-familiaere-Atmosphaere	19.03.16, 09:08 Uhr
Soziales	Eigene Stiftung (3)	Geburtstag Stiftung „leuchte auf"	08.12.14	http://www.bvb.de/News/Stiftung/Happy-Birthday-leuchte-auf	19.03.16, 09:12 Uhr
Soziales	Integration und Inklusion (6)	BVB lädt Flüchtlings-familien ein	12.12.14	http://www.bvb.de/News/Stiftung/BVB-Stiftung-laedt-Fluechtlingsfamilien-ein	19.03.16, 09:23 Uhr
Soziales	Kooperation mit Organisationen/Unternehmen (2)	Stiftung erfüllt Kinderwünsche	18.12.14	http://www.bvb.de/News/Stiftung/BVB-Familie-erfuellt-600-Kinderwuensche	19.03.16, 09:27 Uhr

Soziales	Sonstiges (9)	Integrations preis	11.02.15	http://www.bvb.de/News/Uebersicht/BVB-Stiftung-leuchte-auf-foerdert-Integrationspreis-2015	19.03.16, 09:45 Uhr
Soziales	Eigene Stiftung (3)	„leuchte auf" ist in der Gesellschaft etabliert	17.02.15	http://www.bvb.de/News/Uebersicht/Fundament-und-Keller-sind-gebaut	19.03.16, 09:52
Soziales	Rassismus und Gewalt Prävention (7)	Kein Bier für Rassisten	10.03.15	http://www.bvb.de/News/Uebersicht/Kein-Bier-fuer-Rassisten	19.03.16, 11:04 Uhr

Tabelle 14: Nachweis der Themengebiete Borussia Dortmund (Eigene Darstellung)

BORUSSIA MÖNCHENGLADBACH

Corporate Social Responsibility:

http://www.borussia.de/de/suchergebnisse.html?no_cache=1 [12.03.2016, 11:20 Uhr].

CSR:

http://www.borussia.de/de/suchergebnisse.html?no_cache=1 [12.03.2016, 11:22 Uhr].

Gesellschaftliche Verantwortung:

http://www.borussia.de/de/suchergebnisse.html?no_cache=1 [12.03.2016, 11:25 Uhr].

EINTRACHT FRANKFURT

Corporate Social Responsibility:

http://www.eintracht-frankfurt.de/index.php?id=92 [12.03.2016, 11:28 Uhr].

CSR:

http://www.eintracht-frankfurt.de/searchresults.html [12.03.2016, 11:30 Uhr].

Gesellschaftliche Verantwortung:

http://www.eintracht-frankfurt.de/searchresults.html [12.03.2016, 11:32 Uhr].

Ansprechpartner:

http://www.eintracht-frankfurt.de/kontakt.html [12.03.2016, 11:34 Uhr].

Organigramm:

http://www.eintracht-frankfurt.de/searchresults.html [12.03.2016, 11:41 Uhr].

Organisationsstruktur:
http://www.eintracht-frankfurt.de/searchresults.html [12.03.2016, 11:42 Uhr].

FC AUGSBURG
Corporate Social Responsibility:
http://www.fcaugsburg.de/cms/website.php?id=%2Findex%2Fsuche.htm&searchstring=Corporate+Social+Responsibility [12.03.2016, 14:02 Uhr].
CSR:
http://www.fcaugsburg.de/cms/website.php?id=%2Findex%2Fsuche.htm&searchstring=CSR [12.03.2016, 14:02 Uhr].
Gesellschaftliche Verantwortung:
http://www.fcaugsburg.de/cms/website.php?id=%2Findex%2Fsuche.htm&searchstring=Gesellschaftliche+Verantwortung [12.03.2016, 14:05 Uhr].

FC BAYERN MÜNCHEN
Corporate Social Responsibility:
http://www.fcbayern.de/de/search/?query=Corporate%2BSocial%2BResponsibility [12.03.2016, 14:10 Uhr].
CSR:
http://www.fcbayern.de/de/search/?query=CSR [12.03.2016, 14:16 Uhr].
Gesellschaftliche Verantwortung: http://www.fcbayern.de/de/search/?query=CSR [12.03.2016, 14:18 Uhr].
Ansprechperson im Verein:
http://www.fcbayern.de/de/club/fcb-ag/abteilungen/ [12.03.2016, 14:30 Uhr].
Organisationsstruktur:
http://www.fcbayern.de/de/club/fcb-ag/abteilungen/ [12.03.2016, 14:29 Uhr].

FC SCHALKE 04
Corporate Social Responsibility:
http://www.schalke04.de/search.php?suche=Corporate+Social+Responsibility [12.03.2016, 14:45 Uhr].
CSR:
http://www.schalke04.de/search.php?suche=CSR&lang=DE [12.03.2016, 14:47 Uhr].

Gesellschaftliche Verantwortung:

http://www.schalke04.de/search.php?suche=Gesellschaftliche+Verantwortung&lang=DE [12.03.2016, 14:50 Uhr].

Ansprechpartner im Verein:

http://business.schalke04.de/de/footer/informationen/kontakt/page/207----.html [12.03.2016, 14:52 Uhr].

Organigramm:

http://www.schalke04.de/fileadmin/images/Hauptseite/Verein/Grafik_Fuehrungsstruktur_2016.pdf [12.03.2016, 14:55 Uhr].

Nachweis der Themengebiete: Ökonomie, Ökologie, Soziales:

Thema	Unter-kategorie	Inhalt	Veröffent-licht am	Link	Link das letzte Mal geöffnet am
Soziales	Sonstiges (9)	Schalke hilft	22.01.15	http://www.schalke04.de/de/aktuell/news/150122_spielerbesuche/page/5151--5151-213--213.html	19.03.16, 11:12 Uhr

Tabelle 15: Nachweis der Themengebiete FC Schalke 04 (Eigene Darstellung)

HAMBURGER SV

Corporate Social Responsibility:

http://www.hsv.de/news/suche/?L=0 [18.04.2016, 17:51 Uhr].

CSR:

http://www.hsv.de/news/suche/?L=0 [18.04.2016, 17:52 Uhr]

Gesellschaftliche Verantwortung:

http://www.hsv.de/news/suche/?L=0 [12.03.2016, 18:00 Uhr].

Ansprechpartner im Verein: http://www.hsv.de/verein/meldungen/kontakt/kontakt/ [12.03.2016, 18:03 Uhr].

Organigramm:

http://www.hsv.de/fileadmin/redaktion/Verein/Organigramm_Gesamt.pdf [12.03.2016, 18:05 Uhr].

HANNOVER 96

Corporate Social Responsibility:
https://www.hannover96.de/suchergebnisse.html?s=Corporate%20Social%20Responsibility [13.03.2016, 10:15 Uhr].

CSR: https://www.hannover96.de/suchergebnisse.html?s=CSR [13.03.2016, 10:17 Uhr].

Gesellschaftliche Verantwortung:
https://www.hannover96.de/suchergebnisse.html?s=Gesellschaftliche%20Verantwortung [13.03.2016, 10:17 Uhr].

Ansprechpartner im Verein:
https://www.hannover96.de/kontakt.html [13.03.2016, 10:30 Uhr].

Organigramm:
https://www.hannover96.de/suchergebnisse.html?s=Organigramm [13.03.2016, 10:35 Uhr].

Organisationsstruktur:
https://www.hannover96.de/suchergebnisse.html?s=Organisationsstruktur [13.03.2016, 10:36 Uhr].

HERTHA BSC BERLIN

Corporate Social Responsibility:
http://www.herthabsc.de/search.php?suche=Corporate+Social+Responsibility [13.03.2016, 10:48 Uhr].

CSR:
http://www.herthabsc.de/search.php?suche=CSR [13.03.2016, 10:50 Uhr].

Gesellschaftliche Verantwortung:
http://www.herthabsc.de/search.php?suche=gesellschaftliche+Verantwortung [13.03.2016, 53 Uhr].

Ansprechpartner im Verein: http://www.herthabsc.de/de/service/kontakt/page/698--103--.html [13.03.2016, 10:55 Uhr].

Organigramm:
http://www.herthabsc.de/fileadmin/downloads/nachwuchs/organisationsstruktur-akademie-1516_01.pdf (nur Fußball-Akademie) [13.03.2016, 11:00 Uhr].

Nachweis der Themengebiete: Ökonomie, Ökologie, Soziales:

Thema	Unter-kategorie	Inhalt	Veröffent-licht am	Link	Link das letzte Mal geöffnet am
Soziales	Kooperation mit Unternehmen/ Organisation (2)	Kooperation mit Mitternachts-Sport e.V.	06.10.14	http://www.herthabsc.de/de/intern/kooperation-mitternachtssport/page/6198--17-17--17.html	19.03.16, 11:32 Uhr
Soziales	Integration und Inklusion (6)	Fußballprofi sozial engagiert	13.11.14	http://www.herthabsc.de/de/intern/ben-hatira-bundesliga-stiftung/page/6546--17-17--17.html	19.03.16, 11:40 Uhr
Soziales	Sonstiges (9)	Tag der Toleranz	16.11.14	http://www.herthabsc.de/de/intern/int-tag-der-toleranz/page/6564--17-17--17.html	19.03.16, 11:48 Uhr
Soziales	Sonstiges (9)	Weihnachtliche Lesung	09.12.14	http://www.herthabsc.de/de/fans/zecke-liest/page/6813--59-59--59.html	19.03.16, 12:02 Uhr
Soziales	Eigene Stiftung (3)	Relaunch Webseite	01.01.15	http://www.herthabsc.de/de/intern/relaunch-stiftung/page/6936--17-17--17.html	19.03.16, 12:18 Uhr

| Soziales | Eigene Stiftung (3) | Hertha Stiftung | 11.01.15 | http://www.herthabsc.de/de/teams/viererkette-110115/page/7000--45-45--45.html | 19.03.16, 12:35 Uhr |

Tabelle 16: Nachweis der Themengebiete Hertha BSC Berlin (Eigene Darstellung)

SC PADERBORN 07

Corporate Social Responsibility:

http://www.scp07.de/11-Suche.html?suchText=Corporate+Social+Responsibility&suchButton= [13.03.2016, 11:30 Uhr].

CSR:

 http://www.scp07.de/11-Suche.html?suchText=CSR&suchButton= [24.04.2016, 18:06 Uhr].

Gesellschaftliche Verantwortung:

http://www.scp07.de/11-Suche.html?suchText=gesellschaftliche+Verantwortung&suchButton= [24.04.2016, 18:15 Uhr].

Ansprechpartner im Verein:

http://www.scp07.de/4-Sport-Club/67-Gesch%E4ftsstelle/624-Mitarbeiter-.html [24.04.2016, 18:28 Uhr].

Organigramm/Organisationsstruktur:

http://www.scp07.de/5-Nachwuchs/400-Leistungszentrum/784-Organisation/790-Organigramm/13650,Organisationsstruktur.html (nur **NLZ**) [13.03.2016, 12:08 Uhr].

Nachweis der Themengebiete: Ökonomie, Ökologie, Soziales:

Thema	Unter-kategorie	Inhalt	Veröffentlicht am	Link	Link das letzte Mal geöffnet am
Soziales	Kooperation mit Unternehmen/ Organisation (2)	Schulsport-initiative Klasse in Sport e.V.	22.10.14	http://www.scp07.de/2-Aktuelles/13200,Bundesweites-Gro%DFprojekt.html	20.03.16, 14:55 Uhr
Soziales	Kooperation mit Unternehmen/ Organisation (2)	Stiftung LEBENS-lauf Weihnachts-aktion	19.12.14	http://www.scp07.de/2-Aktuelles/13367,Weihnachtsaktion.html	20.03.16, 15:08 Uhr
Soziales	Kooperation mit Unternehmen/ Organisation (2)	Helfen und Gewinnen	19.03.15	http://www.scp07.de/2-Aktuelles/13679,Aktion-%84Helfen-und-Gewinnen%93.html	20.03.16, 15:15 Uhr

Tabelle 17: Nachweis der Themengebiete SC Paderborn 07 (Eigene Darstellung)

SPORT-CLUB FREIBURG

Corporate Social Responsibility:

http://www.scfreiburg.com/ [13.03.2016, 16:30 Uhr].

CSR:

http://www.scfreiburg.com/ [13.03.2016, 16:32 Uhr].

Gesellschaftliche Verantwortung:

http://www.scfreiburg.com/ [13.03.2016, 16:33 Uhr].

Ansprechpartner im Verein:

http://www.scfreiburg.com/node/11342 [13.03.2016, 16:35 Uhr].

Organigramm/Organisationsstruktur: http://www.scfreiburg.com/node/11342 [13.03.2016, 16:37 Uhr].

SV WERDER BREMEN

Corporate Social Responsibility:

http://www.werder.de/suchergebnis/?id=912&tx_kesearch_pi1%5Bsword%5D=Corporate+Social+Responsibility [16.04.2016, 19:09 Uhr].

CSR:

http://www.werder.de/suchergebnis/?id=912&tx_kesearch_pi1%5Bsword%5D=CSR [16.04.2016, 19:15 Uhr].

Gesellschaftliche Verantwortung:

http://www.werder.de/suchergebnis/?id=912&tx_kesearch_pi1%5Bsword%5D=Gesellschaftliche+Verantwortung [16.04.2016, 19:23 Uhr].

Ansprechpartner:

http://www.werder.de/der-svw/struktur/gmbh-co-kg-aa/mitarbeiter/ [16.04.2016, 19:25 Uhr].

Organigramm:

http://www.werder.de/suchergebnis/?id=912&tx_kesearch_pi1%5Bsword%5D=Organigramm [16.04.2016, 19:27 Uhr].

Organisationsstruktur:

http://www.werder.de/der-svw/struktur/sport-verein-werder/praesidium/ [16.04.2016, 19:35 Uhr].

Nachweis der Themengebiete: Ökonomie, Ökologie, Soziales:

Thema	Unterkategorie	Inhalt	Veröffent-licht am	Link	Link das letzte Mal geöffnet am
Ökologie	Umweltschutz (5)	Erlebnistag Klimaschutz und Nachhaltigkeit	21.05.15	http://www.werder.de/aktuell/news/werder-bewegt/201415/erlebnistagklimahaus/#c89686	20.03.16, 16:00 Uhr
Soziales	Kooperation mit Unternehmen/ Organisationen (2)	Flüchtlingshilfe	22.10.14	http://www.werder.de/aktuell/news/werder-bewegt/201415/fluechtlingshilfe-kampagne-second-fan-shirt/#c87726	20.03.16, 16:00 Uhr
Soziales	Integration und Inklusion (6)	Junge Flüchtlinge zeigen ihren Alltag	24.10.14	http://www.werder.de/aktuell/news/werder-bewegt/201415/fluechtlinge-video-bleib-am-ball/#c87750	20.03.16, 16:12 Uhr
Soziales	Eigene Stiftung (3)	Gesundheitsmanagement	24.11.14	http://www.werder.de/aktuell/news/werder-bewegt/201415/apollon-symposium/#c88065	20.03.16, 16:05 Uhr
Soziales	Gewalt und Rassismus Prävention (7)	Liga Terezin – It was a game against Nazis.	26.01.15	http://www.werder.de/aktuell/news/fankurve/migration/filmvorfuehrung-liga-terezin/#c88685	20.03.16, 16:00 Uhr

Soziales	Gewalt und Rassismus Prävention (7)	Offensive gegen Fremden- und Islamfeindlichkeit	26.01.15	http://www.werder.de/aktuell/news/profis/20142015/kundgebung-stimmen/#c88694	20.03.16, 16:14 Uhr
Soziales	Gewalt und Rassismus Prävention (7)	Diplomatie mit Doppelpass	13.03.15	http://www.werder.de/aktuell/news/fankurve/migration/diplomatie-doppelpass/#c89170	20.03.16, 16:29 Uhr
Soziales	Sonstiges (9)	CSR-Tabelle	13.05.15	http://www.werder.de/aktuell/news/werder-bewegt/201415/gute-taten-kw20/#c89613	20.03.16, 16:
Soziales	Gewalt und Rassismus Prävention (7)	Zeichen für Vielfalt	15.05.15	http://www.werder.de/aktuell/news/fankurve/migration/aufruf-gewaltverzicht/#c89640	20.03.16, 16:38 Uhr

Tabelle 18: Nachweis der Themengebiete SV Werder Bremen (Eigene Darstellung)

TSG 1899 HOFFENHEIM

Corporate Social Responsibility:

http://www.achtzehn99.de/aktuelles/suche/SearchForm [14.03.2016, 19:45 Uhr].

CSR:

http://www.achtzehn99.de/aktuelles/suche/SearchForm [14.03.2016, 19:46 Uhr].

Gesellschaftliche Verantwortung:

http://www.achtzehn99.de/aktuelles/suche/SearchForm [14.03.2016, 19:48 Uhr].

Ansprechpartner im Verein:

http://www.achtzehn99.de/kontakt/ [14.03.2016, 20:01 Uhr].

Organigramm/Organisationsstruktur:

http://www.achtzehn99.de/aktuelles/suche/SearchForm [14.03.2016, 20:05 Uhr].

VFB STUTTGART

Corporate Social Responsibility:

http://www.vfb.de/search.php?suche=Corporate+Social+Responsibility [17.03.2016, 18:25 Uhr].

CSR:

http://www.vfb.de/search.php?suche=CSR [17.03.2016, 18:26 Uhr].

Gesellschaftliche Verantwortung:

http://www.vfb.de/search.php?suche=Gesellschaftliche+Verantwortung [17.03.2016, 18:27 Uhr].

Ansprechpartner im Verein:

http://www.vfb.de/de/verein/service-kontaktformular/page/6260-1-8-.html [17.03.2016, 18:33 Uhr].

Organigramm:

http://www.vfb.de/search.php?suche=Organigramm (nur NLZ) [17.03.2016, 18:48 Uhr].

Organisationsstruktur:

http://www.vfb.de/search.php?suche=Organisationsstruktur [17.03.2016, 19:16 Uhr].

Nachweis der Themengebiete: Ökonomie, Ökologie, Soziales:

Thema	Unter-kategorie	Inhalt	Veröffent-licht am	Link	Link das letzte Mal geöffnet am
Soziales	Kooperation mit Unternehmen/ Organisationen (2)	YASEMIN Beratungs-stelle	20.12.14	http://www.vfb.de/de/verein/vfbfairplay/einzel-engagements/scheckuebergabe-yasemin-beratungsstelle/page/9143-1-8-1435830305.html	26.03.16, 11:45 Uhr

Tabelle 19: Nachweis der Themengebiete VfB Stuttgart (Eigene Darstellung)

VFL WOLFSBURG

Corporate Social Responsibility:

https://www.vfl-wolfsburg.de/metanavigation/suchergebnisse.html?q=Corporate+Social+Responsibility&id=36&L=0&email=&spamshield%5Bmark%5D=true&Suche= [18.03.2016, 18:20 Uhr].

CSR:

https://www.vfl-wolfsburg.de/metanavigation/suchergebnisse.html?q=CSR&id=36&L=0&email=&spamshield%5Bmark%5D=true&Suche= [18.03.2016, 19:26 Uhr].

Gesellschaftliche Verantwortung:

https://www.vfl-wolfsburg.de/de/metanavigation/suchergebnisse.html?q=gesellschaftliche+Verantwortung&keywords=gesellschaftliche+Verantwortung&tx_solr%5Bfilter%5D%5B%5D=&tx_solr%5Bfilter%5D%5B%5D=&tx_solr%5Bfilter%5D%5B%5D=&id=36&L=0&solr-date-range-from=&solr-date-range-to=&solr-search-category=&solr-search-content-type=&tx_solr%5Bsort%5D=created+desc&solr-tab=all_tab&email=&spamshield%5Bmark%5D=true [18.03.2016, 19:34 Uhr].

Ansprechpartner im Verein:

https://www.vfl-wolfsburg.de/info/ueber-uns/kontakt/csr.html?size=50%23searchAnc%23mainNavAnc [18.03.2016, 19:42 Uhr].

Organigramm:

https://www.vfl-wolfsburg.de/fileadmin/user_upload/Dokumente/20150109_Organigramm_VfL_Wolfsburg.pdf [18.03.2016, 19:50 Uhr].

Nachweis der Themengebiete: Ökonomie, Ökologie, Soziales:

Thema	Unter-kategorie	Inhalt	Veröffent-licht am	Link	Link das letzte Mal geöffnet am
Ökologie	Umweltschutz (5)	VfL-Wald	12.11.14	https://www.vfl-wolfsburg.de/info/soziales/umwelt/vfl-wald.html	26.03.16, 12:00 Uhr
Soziales	Sonstiges (9)	Bildung	31.08.14	https://www.vfl-wolfsburg.de/fussballwelt/bildung.html	26.03.16, 12:10 Uhr
Soziales	Kooperation mit Unternehmen/ Organisa-tionen (2)	Projekt für benach-teiligte Kinder	16.10.14	https://www.vfl-wolfsburg.de/info/business/wolfsburg-united/corporate-social-responsibility.html	26.03.16, 12:18 Uhr
Soziales	Sonstiges (9)	Geschichten zum Leben erwecken	21.11.14	https://www.vfl-wolfsburg.de/de/info/aktuelles/detailseite/artikel/geschichten-zum-leben-erwecken-35457.html	26.03.16, 12:24 Uhr
Soziales	Sonstiges (9)	Mein Leben als Fußballstar (Workshop)	01.12.14	https://www.vfl-wolfsburg.de/fussballwelt/bildung/mein-leben-als-fussballstar.html	26.03.16, 12:32 Uhr
Soziales	Sonstiges (9)	Der Fußballprofi isst, was er ist. (Workshop)	01.12.14	https://www.vfl-wolfsburg.de/fussballwelt/bildung/der-fussballprofi-ist-was-er-isst.html	26.03.16, 12:40 Uhr

Soziales	Integration und Inklusion (6)	Fußballschule in der Schweiz	09.03.15	https://www.vfl-wolfsburg.de/info/nachwuchs/vfl-fussballschule/vfl-fussballschule-international/vfl-fussballschule-in-der-schweiz.html	26.03.16, 12:48 Uhr
Soziales	Integration und Inklusion (6)	Integrations-wochen	20.04.15	https://www.vfl-wolfsburg.de/de/info/aktuelles/detailseite/artikel/csr-aktionswochen-37491.html	26.03.16, 12:54 Uhr
Soziales	Integration und Inklusion (6)	Gemeinsam bewegen – Vielfalt leben	21.04.15	https://www.vfl-wolfsburg.de/info/soziales/integration/vfl-vielfaltswochen.html	26.03.16, 12:58 Uhr
Soziales	Eigene Stiftung (3)	Wolfsburg United	05.05.15	https://www.vfl-wolfsburg.de/de/info/aktuelles/detailseite/artikel/chinesischer-partner-auf-der-werbebande-37883.html	Soziales

Tabelle 20: Nachweis der Themengebiete VfL Wolfsburg (Eigene Darstellung)

1. FC KÖLN

Corporate Social Responsibility:

https://www.fc-koeln.de/index.php?id=73 [18.03.2016, 20:15 Uhr].

CSR:

https://www.fc-koeln.de/index.php?id=78 [18.03.2016, 20:16 Uhr].

Gesellschaftliche Verantwortung:

https://www.fc-koeln.de/index.php?id=73 [18.03.2016, 20:18 Uhr].

Ansprechpartner im Verein:

https://www.fc-koeln.de/fc-info/club/ueber-den-fc/medien-kontakt/ [18.03.2016, 20:20 Uhr].

Organigramm:

https://www.fc-koeln.de/fileadmin/user_upload/Club/organigramm_fckoeln.pdf [18.03.2016, 20:24 Uhr].

1. FSV MAINZ 05

Corporate Social Responsibility:

http://www.mainz05.de/mainz05/suchergebnisse.html [18.03.2016, 21:00 Uhr].

CSR:

http://www.mainz05.de/mainz05/suchergebnisse.html [18.03.2016, 21:04 Uhr].

Gesellschaftliche Verantwortung:

http://www.mainz05.de/mainz05/suchergebnisse.html [18.03.2016, 21:12 Uhr].

Ansprechpartner im Verein:

http://www.mainz05.de/mainz05/verein/mitarbeiter/marketingvertrieb.html [18.03.2016, 21:17 Uhr].

Organigramm: http://www.mainz05.de/mainz05/nachwuchs/leistungszentrum-05/organigramm.html (nur NLZ) [18.03.2016, 21:34 Uhr].

Organisationsstruktur:

http://www.mainz05.de/mainz05/suchergebnisse.html [18.03.2016, 21:37 Uhr].

IV. CODEBUCH: ANALYSE DER ZWEITEN DEUTSCHEN FUßBALL-BUNDESLIGA

Vereine	A[199]	B[200]	C[201]	D[202]	E[203]	F[204]	G[205]	H[206]	I[207]
Eintracht Braunschweig	0	1	0	0	0	0	0	6 (A)	0
FC Erzgebirge Aue	Auf der Webseite gibt es keine Suchfunktion und in der Übersicht kein Themenfeld „Corporate Social Responsibility, gesellschaftliche Verantwortung. Da auch kein Ansprechpartner angegeben wird und die Thematik nicht im Organigramm zu finden ist, wird dieser Verein aus der weiteren Analyse ausgeschlossen.[208]							17	0
FC Ingolstadt 04	1	1	0	0	0	0	0	1	1,2,3,4
FC St. Pauli	1	0	1	0	0	7,9	0	15	0
Fortuna Düsseldorf 1895	Auf der Webseite gibt es keine Suchfunktion und in der Übersicht kein Themenfeld „Corporate Social Responsibility, gesellschaftliche Verantwortung. Da der Verein jedoch einen direkten Ansprechpartner angibt, wird dieser mit aufgenommen.							10	1
FSV Frankfurt 1899	0	0	1	0	0	2,6	0	13	0
Karlsruher SC	Auf der Webseite gibt es keine Suchfunktion und in der Übersicht kein Themenfeld „Corporate Social Responsibility, gesellschaftliche Verantwortung. Da auch kein Ansprechpartner angegeben wird und die Thematik nicht im Organigramm zu finden ist, wird dieser Verein aus der weiteren Analyse ausgeschlossen.							3	0
RB Leipzig	0	0	1	0	0	6	0	5	0

---

[199] A = Corporate Social Responsibility
[200] B = CSR
[201] C = Gesellschaftliche Verantwortung
[202] D = Thema: Ökonomie
[203] E = Thema: Ökologie
[204] F = Thema: Soziales
[205] G = Organigramm/Organisationsstruktur
[206] H = Tabellenplatzierung Saisonende
[207] I = Ansprech-partner im Verein
[208] In Folge werden die nicht bewerteten Vereine mit einem n. b. markiert.

Verein									
SpVgg Greuther Fürth	0	1	1	0	0	7,9	1	14	0
SV Darmstadt 98	0	1	1	0	0	0	0	2	0
SV Sandhausen	Auf der Webseite gibt es keine Suchfunktion und in der Übersicht kein Themenfeld „Corporate Social Responsibility, gesellschaftliche Verantwortung. Da auch kein Ansprechpartner angegeben wird und kein Organigramm zu finden ist, wird dieser Verein aus der weiteren Analyse ausgeschlossen.							12	0
TSV 1860 München	Auf der Webseite gibt es keine Suchfunktion und in der Übersicht kein Themenfeld „Corporate Social Responsibility, gesellschaftliche Verantwortung. Da auch kein Ansprechpartner angegeben wird und kein Organigramm zu finden ist, wird dieser Verein aus der weiteren Analyse ausgeschlossen.							16	0
VfL Bochum 1848	1	1	1	0	0	2,6	0	11	0
VfR Aalen	Auf der Webseite gibt es keine Suchfunktion und in der Übersicht kein Themenfeld „Corporate Social Responsibility, gesellschaftliche Verantwortung. Da auch kein Ansprechpartner angegeben wird und kein Organigramm zu finden ist, wird dieser Verein aus der weiteren Analyse ausgeschlossen.							18	0
1. FC Heidenheim 1846	Auf der Webseite gibt es keine Suchfunktion und in der Übersicht kein Themenfeld „Corporate Social Responsibility, gesellschaftliche Verantwortung. Da auch kein Ansprechpartner angegeben wird und kein Organigramm zu finden ist, wird dieser Verein aus der weiteren Analyse ausgeschlossen.							8	0
1. FC Kaiserslautern	0	1	1	0	0	0	0	4	0
1. FC Nürnberg	Auf der Webseite gibt es keine Suchfunktion und in der Übersicht kein Themenfeld „Corporate Social Responsibility, gesellschaftliche Verantwortung. Da der Verein jedoch einen direkten Ansprechpartner angibt, wird dieser mit aufgenommen.							9 (A)	1
1. FC Union Berlin	0	0	0	0	0	0	0	7	0

Tabelle 21: Codebuch: Analyse der zweiten Deutschen Fußball-Bundesliga (Eigene Darstellung)

V. NENNUNG VON CSR, ANZAHL DER THEMEN UND TABELLENSITUATION

Vereine	Ausprägung CSR 1x genannt	Ausprägung CSR 2x genannt	Ausprägung CSR 3x genannt	Ausprägung CSR nicht genannt	Anzahl der Themen insgesamt auf der Webseite	Tabellenplatzierung
Eintracht Braunschweig	1				0	6 (A)
FC Erzgebirge Aue			n. b.			17
FC Ingolstadt 04		1			0	1
FC St. Pauli		1			2	15
Fortuna Düsseldorf 1895			n. b.			10
FSV Frankfurt 1899	1				2	13
Karlsruher SC			n. b.			3
RB Leipzig	1				1	5
SpVgg Greuther Fürth		1			2	14
SV Darmstadt 98		1			0	2
SV Sandhausen			n. b.			12
TSV 1860 München			n. b.			16
VfL Bochum 1848			1		2	11

VfR Aalen	n. b.				18
1. FC Heidenheim 1846	n. b.				8
1. FC Kaiserslautern		1		0	4
1. FC Nürnberg	n. b.				9 (A)
1. FC Union Berlin			1	0	7
Gesamt	3	5	1	1	9	-

Tabelle 22: Nennung von CSR, Anzahl der Themen und Tabellensituation (Eigene Darstellung)

VI. NACHWEISE DER VEREINE DER ZWEITEN FUßBALL-BUNDESLIGA

EINTRACHT BRAUNSCHWEIG

Corporate Social Responsibility:

http://gesamtverein.eintracht.com/suche/ [09.04.2016, 09:15 Uhr].

CSR:

http://gesamtverein.eintracht.com/suche/ [09.04.2016, 09:17 Uhr].

Gesellschaftliche Verantwortung:

http://gesamtverein.eintracht.com/suche/ [09:04.2016, 09:20 Uhr].

Ansprechpartner im Verein:

http://gesamtverein.eintracht.com/wir-ueber-uns/ansprechpartner/ [09.04.2016, 09:21 Uhr].

Organigramm/Organisationsstruktur:

http://gesamtverein.eintracht.com/fileadmin/MedienGesamtverein/_OLD_/Wir_ueber_uns/Struktur/Vereinsstruktur.jpg [09.04.2016, 09:24 Uhr].

FC ERZGEBIRGE AUE

Auf der Homepage gibt es keine Suchfunktion und es ist nicht möglich auf Anhieb die Thematik zu entdecken, daher wird der Verein aus der Analyse ausgeschlossen.

Link zur Webseite: http://www.fc-erzgebirge.de/startseite/ [09.04.2016, 09:27 Uhr].

FC INGOLSTADT 04

Corporate Social Responsibility:
http://www.fcingolstadt.de/home/suche/ [09.04.2016, 09:30 Uhr].
CSR:
http://www.fcingolstadt.de/home/suche/ [09.04.2016, 09:34 Uhr].
Gesellschaftliche Verantwortung:
http://www.fcingolstadt.de/home/suche/ [09.04.2016, 09:42 Uhr].
Ansprechpartner im Verein:
http://www.fcingolstadt.de/der-fci/fussball-gmbh/team/ [09.04.2016, 09:50 Uhr].
Organigramm:
http://www.fcingolstadt.de/home/suche/ [09.04.2016, 09:53 Uhr].
Organisationsstruktur:
http://www.fcingolstadt.de/home/suche/ [09.04.2016, 09:54 Uhr].

FC ST. PAULI

Corporate Social Responsibility:
http://www.fcstpauli.com/home/search?query=Corporate+Social+Responsibility [25.04.2016, 10:10 Uhr].
CSR:
http://www.fcstpauli.com/home/search?query=CSR [25.04.2016, 10:14 Uhr].
Gesellschaftliche Verantwortung:
http://www.fcstpauli.com/home/search?query=Gesellschaftliche+Verantwortung [25.04.2016, 10:17 Uhr].
Ansprechpartner im Verein:
http://www.fcstpauli.com/home/verein/kontakt/kontaktformular [09.04.2016, 10:30 Uhr]
Organigramm:
http://www.fcstpauli.com/images/nachwuchs/konzept/organigramm_nlz_fcsp_2014.jpg (nur NLZ) [09.04.2016, 10:32 Uhr].

Organisationsstruktur:

http://www.fcstpauli.com/home/search?query=Organistaionsstruktur [09.04.2016, 10:33 Uhr].

Nachweis der Themengebiete: Ökonomie, Ökologie, Soziales:

Thema	Unter-kategorie	Inhalt	Veröffent-Licht am	Link	Link das letzte Mal geöffnet am
Soziales	Gewalt und Rassismus Prävention (7)	Zehn Jahre laut gegen Nazis	14.08.14	http://www.fcstpauli.com/home/verein/news/5847	09.04.16, 10:32 Uhr
Soziales	Sonstiges (9)	Neue Paten für die Rabauken	12.09.14	http://www.fcstpauli.com/home/kids/news/6031	09.04.16, 10:40 Uhr

Tabelle 23: Nachweis der Themengebiete FC St. Pauli (Eigene Darstellung)

FORTUNA DÜSSELDORF 1895

Ansprechpartner im Verein:

https://www.f95.de/verein/kontakt/ansprechpartner/ [09.04.2016, 11:15 Uhr].

Organisationsstruktur:

http://www.f95.de/verein/struktur/ueberblick/ [09.04.2016, 11:18 Uhr].

FSV FRANKFURT 1899

Corporate Social Responsibility:

http://www.fsv-frankfurt.de/cms/index.php?id=173&no_cache=1 [09.04.2016, 11:28 Uhr].

CSR:

http://www.fsv-frankfurt.de/cms/index.php?id=173&no_cache=1 [09.04.2016, 11:30 Uhr].

Gesellschaftliche Verantwortung:

http://www.fsv-frankfurt.de/cms/index.php?id=173&no_cache=1 [09.04.2016, 11:31 Uhr].

Ansprechpartner vom Verein:

http://www.fsv-frankfurt.de/cms/index.php?id=37 [09.04.2016, 11:33 Uhr].

Organigramm:

http://www.fsv-frankfurt.de/cms/index.php?id=282 [09.04.2016, 11:35 Uhr].

Organisationsstruktur:

http://www.fsv-frankfurt.de/cms/index.php?id=15&tx_ttnews[tt_news]=296&cHash=db9786a9923ee9034493a9dc1f908d13 [09.04.2016, 11:37 Uhr].

Nachweis der Themengebiete: Ökonomie, Ökologie, Soziales:

Thema	Unter-kategorie	Inhalt	Veröffent-licht am	Link	Link das letzte Mal geöffnet am
Soziales	Integration und Inklusion (6)	Second Fan Shirt	04.12.14	http://www.fsv-frankfurt.de/cms/index.php?id=15&tx_ttnews[tt_news]=8046&cHash=f648534279897bac0f8736e298349449	09.04.16, 12:00 Uhr
Soziales	Kooperation mit Unternehmen/ Organisationen (2)	Gemeinsam gegen Lese- und Rechtschreibschwäche	25.03.15	http://www.fsv-frankfurt.de/cms/index.php?id=15&tx_ttnews[tt_news]=8400&cHash=52e083f85c0c28b3556c2179a775ba44	09.04.16, 12:05 Uhr

Tabelle 24: Nachweis der Themengebiete FSV Frankfurt 1899 (Eigene Darstellung)

KARLSRUHER SC

CSR:

http://www.ksc.de/verein/csr-projekte/soziales-engagement/ [09.04.2016, 12:17 Uhr].

Ansprechpartner:

http://www.ksc.de/verein/organisation/mitarbeiter-von-a-z/ [09.04.2016, 12:25 Uhr].

Organigramm:

http://www.ksc.de/verein/organisation/organigramm/ [09.04.2016, 12:34 Uhr].

RB LEIPZIG

Corporate Social Responsibility:

http://www.dierotenbullen.com/search.html?q=Corporate+Social+Responsibility [09.04.2016, 13:05 Uhr].

CSR:

http://www.dierotenbullen.com/search.html?q=CSR&time=&season= [09.04.2016, 13:06 Uhr].

Gesellschaftliche Verantwortung:

http://www.dierotenbullen.com/search.html?q=Gesellschaftliche+Verantwortung&time=&season= [09.04.2016, 13:07 Uhr].

Ansprechpartner im Verein:
http://www.dierotenbullen.com/statisch/kontakt.html [09.04.2016,

Organigramm:

http://www.dierotenbullen.com/search.html?q=Organigramm [09.04.2016, 13:28 Uhr].

Organisationsstruktur:

http://www.dierotenbullen.com/search.html?q=Organisationsstruktur&time=&season = [09.04.2016, 13:29 Uhr].

Nachweis der Themengebiete: Ökonomie, Ökologie, Soziales:

Thema	Unter-kategorie	Inhalt	Veröffent-licht am	Link	Link das letzte Mal geöffnet am
Soziales	Integration und Inklusion (6)	Herbergen in Leipzig gesucht	Vor einem Jahr	http://www.dierotenbullen.com/neuigkeiten/Saison_2014_15/Gastfamilien-Nachwuchs.html	09.04.16, 13:42 Uhr

Tabelle 25: Nachweis der Themengebiete RB Leipzig (Eigene Darstellung)

SPVGG GREUTHER FÜRTH

Corporate Social Responsibility:

http://www.greuther-fuerth.de/suche.html?s=Corporatesocial responsibility [09.04.2016, 17:00 Uhr].

CSR:

http://www.greuther-fuerth.de/suche.html?s=CSR [09.04.2016, 17:02 Uhr].

Gesellschaftliche Verantwortung:

http://www.greuther-fuerth.de/suche.html?s=Gesellschaftliche Verantwortung [09.04.2016, 17:05 Uhr].

Ansprechpartner im Verein:

http://www.greuther-fuerth.de/ueber-uns/struktur-kg/mitarbeiter.html [09.04.2016, 17:07 Uhr].

Organigramm:

http://www.greuther-fuerth.de/fileadmin/Inhalte/PDF/Verein/SGF_Konzernstruktur_KGaA_2014_455x315_LY03.pdf [09.04.2016, 17:10 Uhr].

Nachweis der Themengebiete: Ökonomie, Ökologie, Soziales:

Thema	Unter-kategorie	Inhalt	Veröffent-licht am	Link	Link das letzte Mal geöffnet am
Soziales	Gewalt und Rassismus Prävention (7)	Bundesliga zeigt Flagge gegen Rassismus	14.09.14	http://www.greuther-fuerth.de/aktuell/aktuelle-news/news-detail/article/bundesliga-zeigt-flagge-gegen-extremismus.html	09.04.16, 17:12 Uhr
Soziales	Sonstiges (9)	Nominierung Julius Hirsch Preis	27.01.15	http://www.greuther-fuerth.de/aktuell/aktuelle-news/news-detail/article/kleeblatt-fuer-julius-hirsch-preis-nominiert.html	09.04.16, 17:24 Uhr

Soziales	Sonstiges (9)	Die Welt ist bunt – der Sport auch	10.02.15	http://www.greut her-fuerth.de/aktuell/ aktuelle-news/news-detail/article/spie lvereinigung-wird-partner-des-graefenberger-sportbuendnisse s.html	09.04.16, 17:32 Uhr

Tabelle 26: Nachweis der Themengebiete SpVgg Greuther Fürth (Eigene Darstellung)

SV DARMSTADT 98

Corporate Social Responsibility:

http://sv98.de/home/ [09.04.2016, 19:15 Uhr].

CSR:

http://sv98.de/home/ [09.04.2016, 19:17 Uhr].

Gesellschaftliche Verantwortung:

http://sv98.de/home/ [09.04.2016, 19:18 Uhr].

Ansprechpartner im Verein:

http://sv98.de/home/verein/ueber-uns/kontakt/ [09.04.2016, 19:22 Uhr].

Organigramm/ Organisationsstruktur:

https://neu2015.sv98.de/948/ (nur NLZ) [09.04.2016, 19:29 Uhr].

SV SANDHAUSEN

Auf der Homepage gibt es keine Suchfunktion und es ist nicht möglich auf Anhieb die Thematik zu entdecken, daher wird der Verein aus der Analyse ausgeschlossen.

Link zur Startseite: http://www.svs1916.de/home.html [26.04.2016, 11:47 Uhr].

TSV 1860 MÜNCHEN

Auf der Homepage gibt es keine Suchfunktion und es ist nicht möglich auf Anhieb die Thematik zu entdecken, daher wird der Verein aus der Analyse ausgeschlossen.

Link zur Startseite: http://www.tsv1860.de/ [10.04.2016, 10:30 Uhr].

VFL BOCHUM 1848

Corporate Social Responsibility:

http://www.vfl-bochum.de/site/suche.php [10.04.2016, 10:32 Uhr].

CSR:

http://www.vfl-bochum.de/site/suche.php [10.04.2016, 10:35 Uhr].

Gesellschaftliche Verantwortung:

http://www.vfl-bochum.de/site/suche.php [10.04.2016, 10:38 Uhr].

Ansprechpartner im Verein:

http://www.vfl-bochum.de/site/_home/_impressumco/kontaktp.htm [10.04.2016, 10:42 Uhr].

Organigramm/Organisationsstruktur:

http://www.vfl-bochum.de/site/_verein/_vereinsorgane/organigrammp.htm [10.04.2016, 10:45 Uhr].

Nachweis der Themengebiete: Ökonomie, Ökologie, Soziales:

Thema	Unter-kategorie	Inhalt	Veröffent-licht am	Link	Link das letzte Mal geöffnet am
Soziales	Kooperation mit Unternehmen/ Organisationen (2)	futOUR Sommer-camp	14.08.14	http://www.vfl-bochum.de/site/_home/aktuelles/14650_dienummer1beimfutoursommercampp.htm	10.04.16, 11:00 Uhr
Soziales	Integration und Inklusion (6)	VfL unterstützt Flüchtlinge	07.04.15	http://www.vfl-bochum.de/site/_home/aktuelles/15355_vflunterstuuml_x_semi_x_tztfluuml_x_semi_x_chtlingeinbochump.htm	10.04.16, 11:17 Uhr
Soziales	Integration und Inklusion (6)	Inclusion – Warum Anderssein erwünscht ist	26.05.15	http://www.vfl-bochum.de/site/_home/aktuelles/15526_inclusionndash_x_semi_x_warumanderssein erwuuml_x_semi_x_nschtist	10.04.16, 11:23 Uhr

Tabelle 27: Nachweis der Themengebiete VfL Bochum 1848 (Eigene Darstellung)

VFR AALEN
Ansprechpartner im Verein:
http://www.vfr-aalen.de/verein/ansprechpartner/ [10.04.2016, 12:12 Uhr].
Organigramm/Organisationsstruktur:
http://www.vfr-aalen.de/verein/organe/ [10.04.2016, 12:14 Uhr].

1. FC HEIDENHEIM 1846
Ansprechpartner im Verein:
http://www.fc-heidenheim.de/verein/leitung-und-mitarbeiter/die-fch-mitarbeiter.html
[10.04.2016, 12:31 Uhr].
Organigramm/Organisationsstruktur:
http://www.fc-heidenheim.de/verein/leitung-und-mitarbeiter/die-leitung-des-fch.html
[10.04.2016, 12:32 Uhr].

1. FC KAISERSLAUTERN
Corporate Social Responsibility:
http://fck.de/de/1-fc-kaiserslautern/suche.html?q=Corporate+Social+Responsibility&x=8&y=10
[26.04.2016, 12:27 Uhr].
CSR:
http://fck.de/de/1-fc-kaiserslautern/suche.html?q=Corporate+Social+Responsibility&x=8&y=10
[26.04.2016, 12:28 Uhr].
Gesellschaftliche Verantwortung:
http://fck.de/de/1-fc-kaiserslautern/suche.html?q=Corporate+Social+Responsibility&x=8&y=10
[26.04.2016, 12:32 Uhr].
Ansprechpartner im Verein:
http://fck.de/de/1-fc-kaiserslautern/der-fck/vereinsstruktur/geschaeftsstelle.html
[10.04.2016, 12:33 Uhr].
Organigramm:
http://fck.de/fileadmin/001_PORTAL_/001_downloads/Der_FCK/2015-16_Organigramme/Organigramm_April_2016.pdf [10.04.2016, 12:35 Uhr].

1. FC NÜRNBERG

Ansprechpartner im Verein:

http://www.fcn.de/der-club/verein/daten-fakten/ [10.04.2016, 13:08 Uhr].

1. FC UNION BERLIN

Corporate Social Responsibility:

https://www.fc-union-berlin.de/suche/ [10.04.2016, 16:00 Uhr].

CSR:

https://www.fc-union-berlin.de/suche/ [10.04.2016, 16:01 Uhr].

Gesellschaftliche Verantwortung:

https://www.fc-union-berlin.de/suche/ [10.04.2016, 16:02 Uhr].